액티브 시니어의
깊이 있는 독서법

액티브 시니어의
깊이 있는 독서법

김대혁 지음

이담
Books

"독서 고수가 되려면 독서 모임을 만들어서 100회 정도만 이끌어보세요."

매주 책을 한 권씩 읽으며, 독서 모임에 참석했다. 2013년부터 시작했으니 그리 오래되지는 않았다. 만 7년여……. 책 페이지가 300페이지든 900페이지든 관여치 않고 무조건 매주 완독하는 것이 내 목표였다. 선배 몇 분이 열심히 읽고 있으니 이를 묵묵히 따라 할 뿐이었다. 일 년여가 지날 즈음 독서법 책을 출간한 『본깨적』의 저자 박상배 후배가 속칭 '저자 특강'을 했다. 매일 책 한 권씩을 읽는다고 말했다. 믿기지 않았다. 한 주에, 책 한 권 소화하기가 얼마나 힘든데…….

고교 후배인 박 저자와 저녁 식사 중 "딱 일 년만 매주 서울에 와서 독서법을 배워보세요."라고 그가 권했다. 나름 독서를 하고 있었고, 직업이 글을 쓰는 사람인데 독서법 따위를 배우라니, 인정할 수 없었고 그 말이 거짓말 같았다. 단호히 거절했다. 자존심이 허락지 않았다. 하지만 하루 자고 나니 생각이 바뀌었다. 일 년 고생해서 배우면 일주일 한 권 독서가 매일 한 권으로 바뀐다. 그렇다면 말이 달라진다. 평생 할 일인데 일 년 고생한다면……. 그렇게 독서법 공부가 시작됐다.

일 년 52주 중 20여 회를 광주에서 서울을 오가며 강의를 들었다. 30여 권의 책을 요약해 리포트를 내기도 했다. 그렇게 어렵게 강의를 수료하고 나니 다시 요구하는 바가 '독서 모임을 만들어 100여 회를 진행해보라'는 것이다. 강의를 듣는 것에서 끝인 줄 알았는데 다시 시작이라니 억울했다. 하지만 거기까지 고생했으니 어쩔 수 없다. 기왕 시작한 것, 이 교육과정을 듣는 동안 평생 죽기 전날까지 '독서 고수'로 살아야겠다고 뜻을 세웠으니.

10여 명 회원을 모아 독서 모임을 만들어 진행했다. 혼자 하는 독서가 아니라 지도하는 독서였다. 긴장한 채로 책을 분석하면서 볼 수밖에 없다. 강의까지 하니 별생각 없이 혼자 책을 보는 것보다 머릿속에 많이 남기도 했다. 거기까지 좋았다. 좋은 의도로 시작했고, 굳건한 의지로 밀고나갔다. 하지만 시간이 지나면서 회원들이 하나 둘 사라졌다. 이는 혼자만 문제가 아니었다. 일 년간 같이 독서법을 배우고 독서 모임을 만들었던 동기들의 공통된 의견이다. 시작하긴 쉽지만 유지하긴 어렵다. 독서가 그렇다. 시작하기 쉽지만 이어가기 어렵다.

'눈이 침침해 더 못 보겠다.'
'허리가 아파 꼼짝도 못 하겠다.'
'책을 읽어도 무슨 말인지 모르겠다.'

는 이유로 독서에 손을 드는 회원이 늘어났다. 독서법을 다룬 책 『본깨적』 서문에 나오는 고민들.

'책을 읽으면 기억이 나지 않아요.'
'책을 읽다 보면 정신이 다른 곳에 가 있어요.'
'어떤 책을 선택해야 할지 모르겠어요.'
'책은 자꾸 책장에 쌓이는데 어떻게 해야 하나요?'
'읽은 책을 어떻게 정리해야 하나요?'
'책에 나온 내용을 어떻게 회사 일에 접목할 수 있나요?'

독서법으로 해결할 수 있는 고민들은 이미 배운 바가 있으니 해결이 가능하다. 회원들은 대개 40대 초반부터 60대다. 독서 시간이 길어질수록 이로 인한 건강 문제가 심각하다. 이런 건강 문제는 어떻게 할까? 독서법 강사가 해결할 문제는 아닌데, 이걸 해결하지 않으면 전부 공염불이다.

세상에 나 같은 고민을 하는 사람이 있을까? 이런 문제에 대해 '고민하는 책이 있는가'를 찾았다. 세상에 답이 없는 문제는 없다. 『일일 30분』이라는 책엔 대학 졸업 후 10년이 지나 미국으로 유학을 가는 나이 든 유학 지망생의 공부법이 나온다. 나이 들어 머릿속에 공부한 내용이 잘 들어오지 않으니 '30분하고 15분 쉬었다' 하라는 것이 주 내용이다.

이 책을 보고 답을 찾았다. 대상이 중년, 노년층이니 중간에 더 쉬어야 한다. 노후에 시작하는 독서는 더 철저히 이를 지키는 것이다. 건강을 우선으로 생각하며 독서를 하는 것이 먼저다. 이런 리듬을 만들어가면 '책을 오랫동안 볼 수 있지 않겠느냐'는 뜻이다.

『나이듦 수업』이란 책에서 더 솔깃한 문구가 눈에 들어왔다. 책을 보면 볼수록 더 건강해지면 어떨까? 하는 질문이었다. 그런 방법이 없을까? 이 두 명제를 합해보면 필자가 원하는 문구나 이 책의 주제가 나온다. 나이 들어 하는 독서는 철저히 건강을 키우는 과정이어야 한다. 책을 보면 볼수록 눈이 침침하고 허리가 아픈 것을 넘어서 더 건강해져야 한다는 것이다. 책을 더 잘 이해하고, 이를 삶에 적용해 더 성장하고, 성숙해나가야 한다. 자기완성을 향해 건강한 한 걸음을 내딛는 독서가 되어야 한다. 구체적인 방법을 모색해나가는 것이 이 책을 주된 요지다.

이 책은 나이는 먹었지만 무슨 책을 어떻게 읽어야 하는지 막막한 친구들을 위해 대화하듯 썼다. 60이 넘고 70을 바라보지만 열심히 자기 삶을 살아가고 있는 친구들은 얼마든지 있다. 필자는 58년 개띠다. 환갑이 넘었다. 50대 중반에 어쩌다 독서 고수들을 만났다. 본격 독서에 들어서면서 더 독서를 잘하고 싶었다. 독서법 강사로 나섰다. 본업은 아니지만 독서법 가르치는 강사라는 일을 평생 사명으로 알고 살아가고 싶다. 앞서 말한 대로 앎의 즐거움으로 남은 삶을 즐길 수 있고 독서하는 가풍을 만들어갈 수 있다. 독서는 국민 경쟁력이고 이는 국가 경쟁력이다. 여기에 보탬이 되는 노후라면 충분히 의미 있고 보람도 있을 것이기 때문이다.

60을 넘어서도 독서는 해야 한다. 독서하겠다는 마음만 있는 사람들이나 일 년에 10권 미만 책을 간신히 읽는 친구들을 위해 책을 썼다. 일주일에 한두 권 읽는 것은 소위 선진국 사람들 평소 독서량에 지나지 않는다. 독서를 시작하는 사람 입장에선 낯설고 힘든 양이다. 2주에 한 권부터 시작해 일주일에 한 권 이런 식으로 늘려가면 된다. 단, 기간은 죽기 전날까지다. 율곡 이이 선생은 『성학집요』라는 책을 통해 '공부는 죽기 전날에 끝나는 것이니 너무 서두르지도 말고 너무 미뤄서도 안 된다'고 했다. 누구든 일이 년 정도는 읽을 수 있다. 이런 독서를 넘어 죽기 전날까지 이어가라는 뜻이다.

　이 책은 노후에도 얼마든지 본격 독서를 시작할 수 있다는 점을 강조했다. 그 사례를 보여주려고 노력했다. 그 구체적인 방법까지 넣으려고 나름 최선을 다했다. 한 숟가락에 배부를 수는 없다는 한계는 있다. 읽어가면서 자신이 체득해야 할 부분이 더 많다.

　이 책을 처음부터 읽어도 좋다. 취할 부분만 취하고 다른 책으로 옮겨가는 것도 좋다. 곳곳에 반복적으로 노후 독서법을 써놓았기 때문에 괜찮다는 뜻이다. 자신이 필요한 부분부터 보는 것도 나쁘지 않다. 괜찮다면 처음부터 읽어나가며 독서법의 기본을 익혀나가길 권할 뿐이다.

　세상에 독서법 책은 많다. 건강을 주제로 하는 책도 많다. 독서할수록 더 건강해져서 더 많은 책을 볼 수 있도록 하자는 내용은 처음인 것 같다. 그런 점이 이 책의 강점이다. 독서하면서 생기는 건강을 해치는 부분을 그냥 방치하지 말라는 것이다. 어떤 식으로든 방법을 찾아가며 독서를 해야 한다. 다만 필자는 의료인은 아니다. 독서할수록 더 건강해져야 더 많은 독서를 할 수 있는 방법을 고민하는 독서법 강사일 뿐이다. 이 책의 한계다. 이런 점에 대해 고민하게 하면서 일부는 풀고 일부는 후학 의료인이나 독서 전문가 몫으로 남겨놓았다. 함께 독서하는 모든 이들이 주변 사람들을 모아 100회 이상 독서를 이끌어가는 지도자로 거듭나길 기대해본다.

독서 액티브 시니어
2019. 09. 15.

content

Part 2 ㅣ How to 액티브 시니어의 독서

나는 왜 엄마 앞에서 작아지는 걸까!

Part 1

1장

상상 초월, 액티브 시니어의 책 읽기

1. 55세 카라마조프와 62세 액티브 시니어

'표도르 카라마조프'

도스토옙스키 『카라마조프가의 형제들』이란 소설 주인공 중한 명의 이름이다. 당년 나이 55세. 이 작품은 도스토옙스키의 마지막 작품이다. 전편, 후편이 있는데 전편만 쓰고 후편은 쓰지 못한 채 도스토옙스키는 생을 마친다. 우리나라에서 문학작품 번역서를 가장 많이 펴내고 있는 민음사에서 『카라마조프가의 형제들』을 최근 발간했다. 3권이다. 한 권당 600페이지에서 700페이지에 달한다. 장편이다.

『액티브 시니어의 깊이 있는 독서법』을 집필하는데 가장 먼저 언급한 이유는 이 책을 쓴 시기에 필자가 접했던 책이기 때문이다. 그리고 그의 나이가 한몫했다. 표도르 카라마조프 나이는 55세인데 공교롭게도 필자가 독서를 시작한 나이도 55세이다. 저자 도스토옙스키는 1821년 11월 11일 태어나 1881년

2월 9일 사망했다. 60세 정도 살았다. 지금 필자 나이가 62세다. 표도르 카라마조프의 나이 55세에 필자는 본격 독서를 시작했다. 저자인 도스토옙스키보다 필자는 2년을 더 산 나이다.

55세, 60세 그리고 62세……. 당시 러시아 나이로는 생을 마감하는 시기일지 모르지만 2019년 대한민국에선 아직 청춘에 불과하다. 며칠 전 지인이 카톡에 이에 관한 재밌는 내용을 올려 주의 깊게 보았다. 유엔이 재정립한 평생 연령 기준이라고 한다. 이 내용에 따르면 0에서 17세가 미성년자, 18세에서 65세는 청년, 66세에서 79세까지는 중년, 80세에서 99세까지가 노년이다. 100세 이후는 장수 노인이다. '당신은 이 중 어디에 해당되시나요?'라고 물었다. 필자는 청년이다. '우리의 몸과 마음은 우리가 생각하는 것보다 훨씬 젊습니다. 무엇이든 시작하고 도전할 수 있는 나이~ 바로 지금입니다.'라는 내용이 덧붙여져 있었다. 왠지 모를 힘이 났다. 62세인데 청춘이라니.

이 기준으로 보면 필자는 당년 62세지만 아직 청년이다. 표도르 카라마조프도 청년이다. 도스토옙스키도 60세이니 한참 팔팔한 나이다. 아직 청년이라는 55세 나이는 앞으로 얼마나 살 수 있을까? 『대한민국 부동산의 미래』라는 책 107페이지엔 고려대학교 박유선 교수의 연구 결과를 전하는 대목이 있다. 연구 결과에 따르면 1945년생 이후라면 4분의 1이 100세를 넘긴다고 한다. 필자처럼 58년생이라면 2분의 1이 100세를 넘긴다. 70년대 태어난 사람들은 대부분 100살을 넘긴다는 뜻이다. 게다가 구글은 califonia life company(www.caiicolabs.com)라는 회사를 차려놓고 '인간을 170살까지 살게 하겠다.'라는 목표로 회사를 운영하고 있다.

물론 이에 대한 반론도 만만치 않다. 의학 발달로 어린아이 사망률이 줄어 평균 연령이 높아졌을 뿐이라는 주장이다. 55세는 노인일 뿐이다. 받아들여야 한다. 아플 곳은 아프고 약해진 부분은 분명 예나 지금이나 약해졌다. 겸허한 자세여서 일부 수긍이 간다. 아무튼 어떤 측면에서 보든 55세 표도르, 60세 도스토옙스키, 62세 필자. 나이는 지금 대한민국을 살아가는 사람들의 척도로 보면 인생의 중반을 넘어선 청년이라는 해석이 가능하다.(자기 이로울 대로 믿는 것이 플러스 사고라고 했다. 긍정적으로 생각하면 더욱 좋다.)

55세 표도르는 이 작품에서 술주정뱅이로 나온다. 세 아들의 아버지다. 큰아들 드미트리 카라마조프와 둘째 이반 드미트리 카라마조프 그리고 셋째 알렉세이 카라마조프를 두고 있다. 큰아들 드미트리는 표도르를 그대로 닮아 열정과 정열 그 자체이며 술을 좋아하는 호색한이다. 이반은 교육을 가장 많이 받았으며 신문에 글을 기고하는 지식인으로 신과 종교를 부정하는 무신론자이고 셋째 알렉세이는 수도원에서 참된 신앙의 길을 걷는 신실하고 어진 청년이다.

표도르는 22살 그루셴카라는 처녀에게 반해 '오로지 그루셴카'에게 정신이 팔린다. 드미트리도 이 처녀를 알게 되면서 자신의 약혼녀를 뒤로하고 아버지 표도르와 연적 관계가 된다. 표도르는 러시아 귀족이다. 러시아 귀족이라는 게 돈은 있지만 소비성향이 강해서 대부분 경제 문제에 시달린다. 톨스토이의 『전쟁과 평화』나 『안나 카레니나』에 나오는 러시아 귀족 생활상을 비춰보면 돈은 많이 쓰면서 관리가 잘 안 되어 항상 머리 아프게 산다. 그러다 재정이 궁핍해지면 아들을 돈 많은 처녀에게 장가를 보내 지참금을 받아 해결해보려고 하는 삶의 형태가 많이 나온다.

표도르는 왕년의 사업가이자 술주정뱅이다. 이기주의와 탐욕의 집합체이다. 평생 방탕과 욕정을 좇으며 살아온 호색한이다. 백 세 시대를 치닫고 있는 현대적 시각 내지 잣대로 보면 술주정뱅이는 신체적으로 고혈압, 당뇨, 중풍의 가능성을 안고 사는 사람들이다. 이 작품에서 나오는 세 아들의 성향을 인간은 모두 잠재적으로 지니고 있다. 어느 정도는 술주정뱅이고 이성을 앞세우며 수도자 삶을 그리고 있는 것 아닐까? 마음 속 인간은 적당히 호색한이고 이성을 앞세우며 수도승적 삶을 고대하며 산다.

이 작품 저자 도스토옙스키 이야기도 독서하는 사람으로서 인상 깊은 대목이 많다. 소개하자면 그는 페테르부르크 공병학교를 졸업했지만 문학의 길을 택한 뒤, 첫 작품 『가난한 사람들(1846)』로 당시 러시아 문단의 총아가 되었다. 1849년부터 공상적 사회주의의 경향을 띤 페트라솁스키 모임에 출입하기 시작했다. 여기서 고골에게 보내는 벨린스키의 편지를 낭독했다는 이유로 사형 선고를 받는다. 이후 에피소드가 재미있고 감동적이다.

사형 선고에 이어 사제의 설교가 끝나고 도스토옙스키에게 마지막 5분의 시간이 주어졌다. 28세 젊은 사형수에게 주어진 최후 5분은 너무 짧았다. 이 마지막 5분을 어떻게 쓸까? 동료 사형수들에게 작별 인사를 하는 데 2분, 지나간 삶을 되돌아보는 데 2분, 나머지 1분은 자연의 아름다움과 땅에 감사하며 작별을 고하기로 했다. 흐르는 눈물을 삼키면서 동료에게 작별 인사를 하는데 벌써 2분이 지났다. 교회 지붕이 밝은 햇살을 받아 눈부시게 빛나고 있었다. 지난 세월을 아껴 쓰지 못한 것이 정말 후회가 되었다. 병사들이 소총을 들어 그를 조준했다.

그때 마침 마차 한 대가 광장으로 질주해 들어왔다. 말에서 내린 시종무관이 감형서를 낭독했다. "피고는 4년간 시베리아 유형에 처하고 그 후 사병으로 병역을 치러야 한다." 그는 사형장의 그 5분을 떠올리며 하루하루를 인생의 마지막 날로 생각하고 중요한 일을 미루지 않았다. 『죄와 벌』, 『카라마조프가의 형제들』, 『백야』 등 수많은 대작을 남겼다. 평생 간질병과 가난에 시달리면서도 심리적, 철학적, 윤리적, 종교적 문제의식으로 점철된 걸작을 남겼다.

만약 내가 살 수 있는 시간이 5분밖에 남지 않았다면 그 5분 안에 꼭 하고 싶은 일은 무엇인가? 『실행이 답이다』라는 책에 보면 이 대목이 나온다. 시간의 중요함을 강조하는 부분이다. 도시락에 담긴 김밥처럼 하나둘 무심코 먹어 치우다 보면 어느새 텅 비어버린 인생의 시간 상자를 발견하게 될 수 있다는 사실을 잊지 말아야 한다. 누구에게든 시간은 소중하다. 돈으로 살 수 없는 재산이다. 하늘이 누구에게나 매일 똑같은 24시간을 부여한다. 나이 들면서 점점 줄어든 시간을 의식하며 중요한 일을 먼저 하는 '시간 관리 기법'이 필요하다.

55세 표도르가 술주정을 하며 호색에 날뛰던 시절 필자는 우연히 독서에 눈을 떴다. 도스토옙스키가 60세 생을 마감했지만 62세인 필자는 독서를 이어오고 있다. 『액티브 시니어의 깊이 있는 독서법』이라는 주제로 글을 시작하는 시기에 우연히 작품을 읽은 것을 인연으로 책 내용으로도 담아냈다. 대학 시절, 도스토옙스키 『카라마조프가의 형제들』이라는 책이 책꽂이 앞에 있었지만 그 무시무시한 두께에 짓눌려 책장을 몇 장 읽고 덮었던 기억이 있다. 읽질 못했다. 60세가 넘어 독서를 가르치며 교재로 이 책을 접하게 됐다.

나는 55세에 독서를 시작해 5년이 넘으면서 현재는 매주 일요일마다 독서 지도를 하고 있다. 화요일엔 고전 독서를 공부하며 가르치고 있다. 토요일엔 '토요독서모임' 멤버로 참석하고 있다. 매주 3권은 기본으로 읽어야 한다. 그 외 필자가 보고 싶은 여러 가지 책들을 읽다 보면 매주 적게는 3권, 많게는 5권 정도 독서를 이어오고 있다.

표도르 나이에 시작한 독서가 이제 인생의 새로운 행복으로 자리 잡아가고 있다. 표도르가 곁에 있다면 술도 좋지만 매일 30분 정도 책을 읽으라고 권하고 싶다. 세 아들에게 보기도 좋고 술만큼이나 독서도 재미있다는 말을 해주고 싶다. 도스토옙스키가 사형수로서 그렇게 아까워한 일 분, 일 분. 아직 50년 정도는 남아 있다. 현대적 의미로 55세는 백 세 기준 반을 넘기는 청년이다.

표도르와 드미트리 그리고 이반과 알렉세이에게 말하고 싶다. 호색도 좋다. 술도 좋다. 이성을 가지고 토론하는 것도 필요하다. 종교에 귀의해 수도승처럼 사는 삶도 괜찮다. 다만 하루 30분 정도 책과 함께 하면 이런 모든 것들이 더 시너지를 내서 좋아질 수 있다.

카라마조프가의 비극은 가족 모두 독서를 했다면 극복할 수 있는 일들이었을지 모른다.

남은 시기 열심히 노는 것과 함께 건강을 돌보며 책을 보면서 새로운 행복을 만들어나갔으면 한다.

> • 55세면 청년이고, 백 살 시대까지 살 확률 50%다. 도스토옙스키는 마지막 5분을 귀중하게 생각하며 살았다.
> • 표도르처럼 사는 것도 좋지만 늙을수록 하루 30분 이상 독서로 자신의 정신적 품격을 높여나가자.

"독서는 나이 들어 할 짓이 못 된다."

독서를 한다는 것은 누가 들어도 아름다운 말이다. 게다가 "나이 들어 할 일도 없는데, 독서 외에 딱히 할 게 무슨 일이 있는가?"라는 말을 들으면 나이 들어 하는 독서가 당연한 것 같기도 하다. 앞 장에서 언급한 대로 필자는 55세가 넘어 독서를 시작했다. 현실적으로 나이 들어 하는 독서란 하기 힘들다. 눈이 침침해지거나 허리가 아프고 집중력이 약해지는 등 육체적으로 쉽지 않기 때문이다.

독서 모임을 시작할 때, 가까운 친구가 있어 같이 참여하자고 했다. 가까운 친구였기에 당연히 같이 할 거라고 생각했다. 하지만 단호하게 거절했다. 책을 열심히 보는 친구였기에 그의 거절이 의아했다.

답변은 분명했다. 눈이 침침한데 이제 더 책을 보고 싶지 않다. 동갑인 이 친구는 경찰서장 출신이다. 순경에서 시작해 총경까지 오직 시험으로 승승장구했던, 승진 시험의 레전드(전설)였다. 퇴직하고 나서도 자신의 일과 관련된 공부를 이어갔다. 덤으로 주식 관련 책도 열심히 봤다.

이런 친구가 독서를 단호히 거부해서 충격적이었다. 제안을 거절하니 안타깝지만 어쩔 수 없었다. 그러려니 하고 지나갔다. 이유는 물었다. "지금 보고 있는 책들은 일을 해나가는 데 필요해 보고 있다. 눈이 침침하다. 피곤하다. 가능하면 책은 그만 보고 싶다." 이런 이유로 본능적으로 거부한 것이다. '세상 사람들이란 모두 나와 같은 생각은 아니구나'라며 접었지만 그때 몇 마디 더 설득했던 기억이 난다.

이후 독서 관련 강의에 나가 강의 시작 전, 독서에 대한 설문을 조사해보면 우리 사회에 독서 거부감이 상당히 심하다는 것을 확인할 수 있다. 독서 실태를 보면 더 확실하게 알 수 있다. 문화체육관광부가 2017년 만 19세 이상 성인 6천 명과 초등학생(4학년 이상) 및 중·고생 3천여 명을 대상으로 국민독서실태조사를 발표한 결과에 따르면 1년간 일반도서(교과서, 학습참고서, 수험서, 잡지, 만화를 제외한 종이책)를 1권 이상 읽은 사람의 독서율은 성인 59.9%, 학생 91.7%인 것으로 나타났다. 지난 2015년에 비해 성인은 5.4%, 학생은 3.2%가 감소했다.

우리나라 통계청 <2017년 사회조사>도 다르지 않다. 조사 결과를 보면 독서 인구 비율이 2015년 56.2%에서 2017년 54.9%(만 13세 이상)로 떨어졌다. 미국과 비교해보자. 미국 퓨 리서치센터(Pew Research Center) 조사 결과 종이책+전자책 독서율 2014년 76%에서 2016년 73%로 나온다. 우리나라 성인 40%는 1년에 책 1권도 안 읽는다. 미국 25%대와 비교된다. 이처럼 책 읽는 사람의 수는 계속 줄어들고 있다.

더 자세히 들여다보면 종이책 독서량은 성인 평균 8.3권으로 2015년 9.1권에 비해 0.8권 줄어들었다. 학생의 연평균 종이책 독서량도 28.6권으로 지난 2015년 29.8권에 비해 감소했다. 연간 전자책 독서율은 성인 14.1%, 학생 29.8%로 성인과 학생 모두 증가 추세이다. 최근 웹소설의 대중적 확산 등이 영향을 미친 것으로 분석된다. 그나마 웹소설이라도 읽고 있으니 위안이 된다.

평소 책 읽기를 어렵게 하는 요인으로는 성인과 학생 모두 '일(학교·학원) 때문에 시간이 없어서'(성인 32.2%, 학생 29.1%)라는 응답이 가장 많다. 이어서 성인은 '휴대전화 이용, 인터넷 게임을 하느라'(19.6%), 다른 여가 활동으로 시간이 없어서(15.7%) 순으로 나타났다. 학생은 '책 읽기가 싫고 습관이 들지 않아서'(21.1%), '휴대전화, 인터넷, 게임하느라 시간이 없어서'(18.5%) 순으로 나타났다.

본인의 독서량이 '부족하다'는 의견은 성인 59.6%, 학생 51.5%로 과반수를 넘었다. 하지만 본인의 독서량이 '부족하다'는 성인이 '11년 74.5%에서 '13년 67.0%로, '15년 64.9%에서 '17년 59.6%로 지속적으로 감소하고 있다. 반대로 '만족한다'는 의견은 증가하고 있어서, 독서의 필요성에 대한 인식이 줄어들고 있는 것으로 나타난다.

55세 이후 사람들 독서 비율이나 독서량 같은 것을 조사한 데이터는 별로 없는 것 같다. 젊은 사람들의 독서율이 이처럼 떨어지는 것으로 봤을 때 이들이 늙어서 독서를 할 확률은 점점 감소할 수밖에 없다. 이런 현상에 비춰 다수 노인들에게서 '독서는 나이 들어 할 짓이 못 된다'는 말도 나올 수 있다.

『나이듦 수업』이라는 책은 나이 듦이라는 의미에 대해 여러 강사들 강의 내용이 요약되어 있다. 이 중 장회익 물리학자 편이 나온다. 노년이라는 기적의 '블랭크'라는 제목으로, 노년에 대한 근원적 질문에 답하는 지혜의 시간이라는 소재로 이야기를 끌어간다.

요약해보자면 나이 들어서 하는 공부는 습관이 중요하다. '책 읽는 것이 재미있을 때 중지하라'는 대안도 제시된다. 가장 필자 마음을 흔드는 것은 나이 들어 공부하면서 더 건강해질 수 있어야 한다고 주장하는 대목이다. 건강을 만드는 독서가 되어야 한다는 것이다. 그 비결로 어린 시절 자신의 부친 방법을 예로 든다. 부친은 독서를 하고 있던 중 한참 재미있게 독서를 하던 자신에게 '책을 그만 보라고 했다'고 한다. '이렇게 재미있는데 그만 보라뇨?' 하고 저자가 따졌다.

책은 한참 재미있을 때 중지할 줄 알아야 한다. 그래야 다시 보고 싶어진다. 그렇게 독서를 이어가야 한다. 다소 억지스러운 주장이다. 나이가 많든, 적든 '재미있다'고 오랜 시간 독서를 하면 몸이 망가질 것은 명백하다. 이후 독서는 몸을 망치는 것으로 여기게 된다. 나의 몸을 망치는 독서를 계속 해선 곤란하다. '나이 들어 독서는 할 짓이 못 된다'라는 결론을 내게 된다. 반면 한참 재미있을 때 일어나서 산책을 한다. 산책을 하다 보면 책 읽은 것에 대해 생각이 정리된다. 다른 것들과 연관도 시켜서 사색을 해본다. 재미있게 봤던 부분이 더 보고 싶다는 감질(?)이 나서 다음 날 책을 다시 펴게 된다. 책을 볼수록 산책하는 시간이 늘어나니 더 건강해지는 것 아닌가?

이런 논리로 풀어가면 독서는 '나이 들어 할 짓이 못 된다'가 아니라 '나이 들어 독서를 해서 점점 더 건강도 찾아나간다'로 이야기가 달라진다. 이런 구체적인 방법을 찾아나가는 것이 이 책의 주된 내용이다. 장 박사의 독서와 산책 이야기에서 한 가지 더 보태면 독서가 수면으로 이어진다. 책을 보다 밤 11시 정도가 되면 필자는 어떤 경우든 잠자리에 들려고 노력한다.

장회익 박사도 이 점을 지적했다. 잠자면서도 독서를 이어갈 수 있다는 것이다. 잠자리에 들기 전 자신의 잠재의식에 독서하면서 일어났던 의문점 등을 던져놓는다. 몸은 자고 있지만 우리의 뇌는 이에 대해 여러 가지 생각을 한다. 아침에 일어날 때 즈음이면 기발한 아이디어가 솟거나 독서했던 내용들을 일목요연하게 정리해놓기도 한다. 이런 식이라면 수면 중에서도 '독서는 이어진다.'라고 말할 수 있다. '독서, 산책, 수면'을 한 가지 선상에서 놓고 논할 수 있는 이유다.

장 박사는 이 책에서 이처럼 노후에 자신의 몸을 독서 체질로 바꾸어 나가는 것이 노후 행복의 조건이 된다고 말한다. 장 박사는 특히 독서를 하면서 내 안에 스승을 모셔두라는 점을 강조한다. 내 마음 안에 영적 스승을 만들어놓고 매양 자신의 의문점을 묻고 답하는 독서법을 권한다. '인간 마음 안에 있는 신성을 깨우라'는 말로도 해석할 수 있다. 굳이 불교식으로 표현하자면 진아(眞我)다. 자신 안의 진아라는 스승을 모시고 자신에게 부단히 묻고 답하는 가운데 진아의 성장을 이어갈 수 있다는 것이다.

비슷한 에피소드가 있다. 모 재벌 회장은 어떤 사안을 놓고 여러 가지 다양한 전문가들에게 컨설팅을 받곤 한다. 그들 의견을 참고할 뿐이지 정작 중요한 결정은 자신 마음 안에 있는 진짜 자신과 상의해 결단을 내리게 된다는 말을 들은 적이 있다. 사업 상황을 아는 전문가들은 전문가 시각으로만 컨설팅해줄 뿐이다. 종합적으로 판단하는 것은 진짜 자신이라는 걸 회장은 체험적으로 알고 있다. 이처럼 내 안에 스승을 모시고 대화하는 것도 독서에 큰 보탬이 된다. 사물과 연관시켜 생각해 나가는 것이 지혜를 만든다. 가끔 지적 도약을 이루는 시도를 해보라는 말도 이 책엔 있다.

이런 점 등을 고려해볼 때 독서는 나이 들어 할 짓이 못 되는 것이 아니다. 나이 들어 독서를 방해하는 요소들을 극복하려는 노력을 해야 한다. 오히려 건강을 키우는 독서법을 계발하고 훈련해나가면서 더 건강해지길 기대해본다.

- 독서는 나이 들어 할 짓이 못 되는 것이 아니다. 눈이 침침하거나 허리가 아프더라도 극복할 방법을 찾아나가면 길이 있다.
- 독서를 할수록 더 건강해질 수 있다. 독서, 산책, 수면은 그 방법들이다. 자기 안의 스승을 만들어놓으라. 다른 지식들과 연결시켜 지혜를 키우라. 가끔 지적 도약도 시도해보자.

공무원이나 공기업등에서 승진이 빠른 경우, 55세정도는 한참 정상을 향해갈 나이다. 대기업 이사 등도 사주에게 잘 보이고 유능하면 현역을 유지하거나 더 성공할 수 있다. 이런 경우는 전 인구에 대비해보면 극소수다. 대부분 정년을 향해 가거나 정년이다. 정년이 가깝다는 점에서 서서히 모든 걸 내려놓을 나이다. 정년이란 현역을 마치는 것이다. 현역 시절 예우나 이야기 등은 버려야 한다. 현역이라는 생각을 내려놓기는 쉽지 않다. 내일 정년 퇴임식인데도 마지막 날까지 일을 열심히 하는 경우는 얼마든지 볼 수 있다. 본인 입장에선 최선을 다하는 것이다. 주변에선 일에 대한 집착으로 비춰질 수 있다.

이렇게 인생 현역이 끝나고 퇴물로 뒷전으로 쓸쓸히 마감해야 하는가? 현역 때 삶만 삶이고 퇴역 후 삶은 삶이 아닌가? 퇴역을 55세에 하고 만약 100세까지 산다면 45년이 남는다. 55세 중 학창 시절 25세까지를 제외한다면 30년. 현역 30년일 뿐인데 퇴역은 45년 온 채로 지내야 한다. '내려놓는다'고 해서 모든 걸 포기하라는 말은 아니다.

현역 때만 잘해선 안 된다. 이후도 중요하다. 이런 사례는 호서대 강석규 설립자가 쓴 수기에 잘 나타나 있다. 이 글은 백 세 시대를 어떻게 살아야 하느냐를 매우 감동적으로 잘 보여준다.

　다음은 강석규님의 『어느 95세 노인의 수기』이다. "나는 65세에 직장에서 정년퇴직을 했습니다. 30년 전이지요. 내 분야는 특수한 전문직이어서 남들보다는 더 오래 직장 생활을 하였습니다. 나는 젊어서 직장에 들어가기 전에 그 분야에서는 최고의 실력으로 인정받는 실력자가 되기 위해 얼마나 많은 노력과 힘을 기울였는지 모릅니다. 그렇게 노력한 덕에 나는 무척 명예스럽게 퇴직할 수 있었습니다. 정년이 되자 직장에서는 내게 좀 더 기회를 주려했지만, 나는 사양했어요. 65세의 나이쯤 되고 보니 나도 직장 생활을 그만두고 연금을 받으며 안락한 여생을 즐기다가 남은 인생을 마감하고픈 생각이 들었기 때문이었습니다. 나는 평생 후회 없는 삶을 살았기 때문에 언제 죽어도 여한이 없다는 생각을 했습니다.

　그런 내가 30년 후인 95세 생일 때 자식들에게 생일 케이크를 받는 순간 얼마나 내 인생에 대해 통한의 눈물을 흘렸는지 모릅니다. 내 65년의 생애는 자랑스럽고 떳떳했지만 그 이후 30년의 삶은 가장 부끄럽고 후회가 되고 비통한 삶을 살았습니다. 나는 정년퇴직 후 '이제 나는 다 살았다. 남은 생애는 언제 죽을지 모르는, 덤으로 주어졌을 뿐이다' 하는 그저 그런 생각만 하면서 허송세월했던 것입니다. 죽기를 기다리는 삶이었습니다. 그런 덧없고 희망이 없는 삶을 무려 30년이나 살았던 것입니다. 30년이라는 세월은 지금의 내 나이 95세로 따져보아도 생애의 3분의1에 해당하는 막대한 시간입니다.

나는 지금 95세지만 건강하고 정신이 또렷합니다. 혹시 앞으로 10년이나 20년을 더 살지도 모릅니다. 그래서 지금부터 나는 내가 하고 싶었던 어학 공부를 다시 시작할 것입니다. 왜 그러냐면 내가 혹시 10년 후에라도 왜 95살 때 공부를 시작하지 않았는지 후회하지 않기 위해서입니다." 강석규 옹은 95세부터 103세 운명 직전까지 영어를 공부했다고 한다.

강석규 옹의 수기를 읽어보며 감명받지 않은 사람은 별로 없는 듯하다. 모든 걸 내려놓았다고 해서 공부까지 내려놓을 일은 아닌 것 같다. 필자는 55세 정도에 유명 신문사에서 퇴직했다. 그 후 통신사지방본부를 맡아 운영했고, 통신사를 설립한 것이 계기가 되어 현역을 내려놓게 됐다. 통신사를 어렵게 설립했으나 운영이 만만치 않았다. 통신사 부사장이었지만 운영이 어려워지면서 자연스럽게 현역에선 물러나는 코스로 연결됐다. 현역에서 물러났지만 모든 걸 내려놓을 수는 없다. 특히 공부와 함께 건강에 관해서는 물러설 수 없다.

주변엔 젊어서 뼈 빠지게 고생해 번 돈을 늙어서 병들어, 재산 대부분을 의사와 병원에 바쳐가며 살아가는 경우가 많다. 노후란 이런 모습으로 다가오게 마련이다. 미국 최대 부자 중 한 사람이었던 애플 창시자 잡스는 죽어가면서 이에 관해 가슴 깊이 후회하는 의미 있는 말을 남겼다. "평생 죽도록 일을 했다. 세계 최고 갑부 반열에 올랐다. 지금 눈앞에 기계 울리는 소리가 들린다. 밥을 굶지 않을 정도 돈만 있으면 다른 취미나 좋아하는 일을 찾았어야 했다. 건강 지침서를 봐야 했다. 다시 산다면 아주 작은 부에 만족하며 건강을 지키고 가족과 함께 좋아하는 일이나 하며 즐기고 싶다." 그런 내용이었던 것 같다. 현역에서 은퇴하며 모든 걸 내려놓아야 하지만 독서와 건강만은 더욱 굳건히 지켜야 한다. 더 독하게 몸과 마음을 추슬러야 한다.

독서 강의를 하는 강사 입장에서 자신의 건강 상식이 대부분이라고 믿는 이들에게 건강에 관한 책을 열심히 읽길 권한다. 10권 책을 읽는다면 그중 반드시 한 권은 건강에 관한 책을 읽어나가라는 것이다. 대부분 사람들이 자신의 건강 상식을 '충분하다'고 믿는다. 건강에 관한 책들을 접하다 보면 건강 상식이 얼마나 비어 있는지 절감한다. 우선 영국 의학박사가 쓴 '물 치료의 핵심이다'는 책을 권한다. 물만큼 적은 대가를 치르고 건강을 지켜주는 것도 드물다. 후반에 이에 대해 깊은 내용을 다루기로 하자.

현역에서 물러나 직업에 대한 명예 등은 내려놓고 독서를 본격적으로 하며 독서법에 대해 구체적으로 1년이라는 장기간 교육을 받았다. 이 시기 우연히 '백 살이 되어보니'라는 책을 보게 됐다. 이 책 저자 전 연세대 김형석 교수는 "백 살이 되어 건강해서 몸만 잘 움직이면 뭐 하냐"고 반문했다. 백 살에 가까워지면서 간신히 육체적으로 목숨만 유지한다면 그 백 살이 무슨 의미가 있느냐? 현역에서 은퇴해서 건강만 지키고 있어서는 안 된다는 것이다.

'디지털 치매'라는 책에 보면 정신적 성장은 나이 듦과 상관이 없음을 역설하고 있다. 나이 들었다는 것은 육체적으로 쇠퇴한다는 것이지 정신적 쇠퇴를 의미하지는 않는다는 것이다. 나이 들수록 정신적 성장을 해나가야 한다는 뜻이다. 이는 얼마든지 가능하다.

현역 은퇴 후 모두 내려놓아도 육체적 건강과 정신 성장을 내려놓아서는 안 된다는 의미다. 앞에서 언급한 강석규 님 경우처럼 공부와 독서를 지속하며 정신 성장을 이어가야 한다. 율곡 이이 선생은 이에 대해 본인이 작성한 '자경문'에서 .명확한 답을 내줬다. '공부는 죽기 전날에 끝나는 것이니 너무 서두르지도 말고 너무 미루지도 말'라고 했다. 현역에서 물러나도 정신적 성장은 죽기 전날에 끝나는 것이니 계속 이어가야 한다. 독서를 죽기 전날까지 손에서 놓지 않아야 할 이유다.

김형석 교수는 육신이 건강하고 정신 성장을 이뤄도 사회적으로 아무 하는 일이 없다면 이도 의미가 없다고 단언한다. 사회적으로 하는 일을 찾아서 해야 한다는 뜻이다. 모두 일을 찾고 있지만 뜻대로 되지 않아서 문제다. 그 찾는 일이 수입과 상관없는 봉사라면 문제는 다르다. 큰 수입을 원하지 않고 수입의 기대치를 낮춰보면 일은 보일 수 있다.

김 교수는 저술과 강연이라는 일이 있어 얼마든지 이런 논리가 가능하다. 현역 때처럼 수입의 규모를 원한다면 일반인은 일을 찾기가 쉽지 않다. 수입의 기대치를 낮추고 봉사라는 차원에서 일을 찾다 보면 좋은 결과가 있을 수 있다. 결론적으로 말하자면 현역에서 은퇴해 모든 걸 내려놓더라도 건강을 잘 지켜야 한다. 정신 성장을 위한 독서를 지속해야 한다. 건강에 맞는 적정 규모의 수입과 봉사를 할 수 있는 일을 이어가야 한다.

- 현역 시절 모든 걸 내려놓아도 건강을 잘 지켜야 한다. 젊어서 벌어들인 수입을 병원과 의사에 바칠 수는 없다. '물치료의 핵심이다' 등 건강 관련 독서 이어갈 것.
- 정신 성장은 나이와 상관없이 이어진다. 죽기 전날까지 독서로 정신 성장을 이뤄나가자. 건강이 허락하고 무리하지 않는 일을 찾아 봉사하는 마음으로 일을 찾아 나가길 기대한다.

독서를 하겠다는 마음은 젊은 시절부터 항상 있었다. 매년 연초 독서하겠다는 각오를 다졌던 것 같다. 결과는 매번 같다. 한 해 서너 권을 넘지 않았다. 각오는 대단했다. 몇 권 읽다가 뭔가 급한 일을 생긴다. 그곳에 잠깐 눈을 돌리면 한 해가 번쩍 지나갔다. 몇 권이라도 읽었다면 뭔가 머릿속에 남아 있어야 하는데 그것조차 남는 것도 없다. 항상 '읽어야지' 하면서 흐지부지했던 것 같다.

운이 좋았다. 어느 날 행사장에서 고교 여자 후배와 같은 테이블에 앉았다. 얼굴을 아는 후배도 아니었다. 그저 옆에 앉았는데 독서 모임에 나오길 권했다. 귀가 번쩍 뜨였다. "독서, 좋지." 가겠다고 즉석에서 답했다. 다음 날 후배 사무실에 들렀다. 매주 토요일 하는 독서 모임이었다. 다가오는 토요일 읽을 책을 선물로 받았다. 일반인들이 모였다. 직업은 다양하다. 개인 사업자, 세무사, 치과 의사, 학원 원장 등이 250여 회 독서 모임을 이어왔다. 5년이 넘었다. 매주 쉬지 않고 하는 모임이었다. 추석도 설날도 예외 없다.

명절날 앞뒤엔 기존 하던 책을 복습하는 정도가 배려의 전부라고 한다. '독서를 해야겠다'는 평소 강박관념이 도움이 됐던 것 같다. 낯선 사람들 가운데 끼어 책을 읽고 뭔가 이야기해야 한다는 것이 무척 부담스러웠다. 모르는 사람들과 얼굴 대하며 두 시간 정도의 대화를 듣고 나누는 것도 어려웠다. 성격적으로 활달한 부분도 있지만 대체로 내성적인 타입이다. 다행히 회장, 부회장 등 간부들이 따뜻하게 대해줬다. 첫날 참석 후 반드시 '잘 적응해야겠다'고 다짐했다.

50대 이후 눈에 부담을 느껴 신문을 보지 못한 선배가 생각났다. 유명 방송사 본부장이었던 선배는 49세 때 눈이 침침해져 신문조차 제대로 보지 못했다. 퇴임할 때까지 근 10년간 신문 읽기도 어려우니 다른 독서는 언감생심이다. 이런 것이 노후 독서의 현실이다.

최근(2019. 6.) 이 모임은 600회를 맞았다. 빠지지 않고 참석했다. 그때 본 책 중 『총, 균, 쇠』가 특별히 기억난다. 지인들과 인도네시아 여행을 가게 됐는데 다음 주 책이 다이아몬드 교수의 『총, 균, 쇠』였다. 회원 모두 긴장하는 눈치였다. 책이 800여 페이지였기 때문이다. 한 주 내에 이런 책을 읽어낸다는 것이 회원 모두에게 큰 부담이다. 과연 몇 명이나 제대로 읽어올지도 관심거리였다. 전체 회원은 30여 명인데 열심히 나오는 회원은 17,8명 정도였다.

단순한 성격 때문인지 그저 당연히 읽어야 하는 걸로 생각하고 죽기 살기로 읽었다. 인도네시아로 가는 비행기에서 꼬박 읽으니 180여 페이지 정도 읽을 수 있었다. 오는 비행기 안에서도 그 정도 읽었으니 반 정도 본 셈이다. 덕분에 동행한 동료들한테 많은 칭찬을 받았다. 그런 무거운 책을 열심히 읽는다며 존경(?)하는 눈초리였다. 부럽다는 말도 들었다. 우연히 들어간 독서 모임 때문에 주변 평가가 좋아진 성과(?)를 낸 것이다. 독서를 열심히 하다 보면 부가적으로 얻는 당연한 결과다. 누구를 기다릴 때도 손에 항상 책이 있다. 책을 보며 기다린다. 늦게 도착한 사람한테 독서하는 모습을 보이면 첫 인상도 좋아진다. 책 내용을 중심으로 대화를 풀어갈 수 있다. 덤으로 얻는 독서 효과다.

이때 읽은 『총, 균, 쇠』 내용 중 여러 가지가 기억에 남는다. 동양과 서양이 명나라 영락제(1402~1424)를 중심으로 명운의 추가 서양으로 기울어진다. 이전까지는 동양이 서양보다 여러 가지 문물이나 문화 그리고 문명 수준이 높았다고 한다. 동양은 중앙집권제로 황제가 통치를 주도한다. 서양 유럽은 지방분권적 나라들끼리 서로 경쟁한다. 경쟁 가운데 발전을 이뤄나간다.

1408년 명나라 정화(1317~1434) 제독이 300미터짜리 배 317천 척을 가지고 아프리카를 횡단한다. 반면 1492년 콜럼버스는 30미터짜리 배 3척으로 아메리카 대륙을 발견한다. 동양 선박은 아프리카까지 가서 황제의 위엄을 알리고 조공 무역을 도모하는 것이 목적이었다. 서양 선박은 투자를 받아 이를 회수하기 위해 식민지를 개척하러 떠난다. 동양과 서양 함대 규모 수준은 용 떼와 모기떼에 비유된다. 정화 선단은 황제가 죽고 다음 황제로 정권이 옮겨가면서 '돈을 많이 쓴다'는 이유로 구조조정 당한다. 가장 충격적인 점은 이후 90년 정도 지나서 이 선단을 명나라는 다시 부활하려 한 적이 있다. 이때 명나라에 선박술을 가진 전문가들이 모두 사라졌다. 기술도 함께 사라진다. 복구 불능상태가 됐다. 중앙집권제의 폐해다.

중국은 화약을 놀이용으로 발명했다. 서양은 무기로 발전시킨다. 콜럼버스는 이 조그만 선단을 꾸리는 데 어려움이 많았다. 프랑스와 스페인 등 삼국 왕에게 투자를 제안했지만 거절당했다. 마지막으로 찾아간 스페인 여왕이 투자해준다. 서로 경쟁하다 보니 답을 얻었다. 문명사에서도 적절한 경쟁이 발전을 이끈다는 말이 잊히지 않는다. 이외에도 이 책 말미엔 일본이 고대 고구려인들이 바다 건너 만든 나라라고 말한다. 한국인과 DNA상 단 1%도 다름이 없다고 한다. 형제간이니 서로 사이좋게 미래를 그려나가야 된다는 논문이 뒤편에 실렸다. 감동적이었다.

만약 필자가 혼자 『총, 균, 쇠』 책을 봤다면 제대로 끝까지 읽었을까 반문해본다. 솔직히 이런 책이 있는지조차 몰랐다. 독서 모임에선 이 책을 읽기 위해 많은 준비를 해왔다. 이날 진행을 맡은 김상철이라는 젊은 사업가는 지구 궤도를 가지고 와서 지형을 가리키며 설명했다. 아직도 그 장면이 잊히지가 않는다. 두 시간 토론이 매우 흥미로웠다. 많은 회원들이 800여 페이지에 달하는 이 책을 완독해왔다. 일주일 중간중간 카톡으로 서로 격려하며 치열하게 격려했던 기억도 난다.

아프리카 속담에 '혼자 가면 빨리 갈 수 있지만 멀리 가려면 같이 가야 한다'는 말이 있다. 독서도 혼자 하면 빨리 읽을 수 있을지 모른다. 오랫동안 읽으려면 같이 읽어나가는 것도 좋은 방법이다. 필자의 독서는 독서 모임에서 시작됐다. 먼저 시작한 선배들이 묵묵히 한 주, 한 주 한 권도 **빼놓지** 않고 완독하는 자세를 보였다. 그 모습을 보고 필자도 절대 한 권도 놓치지 않겠다는 다짐을 하며 한 권, 한 권 읽었던 기억이 새롭다.

지금도 토요일 이 독서 모임에서 정한 책을 **빼놓지** 않고 읽고 있다. 이 모임은 '독서천국'이라는 이름을 '토행독'으로 바꾸었다. '토요일이 행복한 독서 모임'이라는 뜻이다. 『총, 균, 쇠』 책을 읽으면서 두꺼운 책 읽는 법을 습득했다. 『총, 균, 쇠』나 제러미 리프킨의 『공감의 시대』 그리고 칼 세이건의 『코스모스』 등은 대개 800에서 900페이지 정도다. 고전 독서에서 본 호메로스의 『일리아드』, 『오디세이』 그리고 『헤로도투스 역사』(천병세 역) 등도 대개 두께는 그 정도다. 이런 책을 보면 그 두께에 압도된다. 읽다가 대부분 포기하기 마련이다. 필자는 이런 책에 대한 대비책을 가끔 강의에서 이렇게 조언한다. 책은 대개 250페이지에서 300페이지 정도다. 그림이나 사진 등을 끼워넣으면 훨씬 가볍다. 이런 책에 비해 두 배 정도 두께이니 드는 시간도 두 배 정도 배려해야 한다. '그냥 두 권의 책을 읽는다.'는 각오로 임하면 마음이 편하다.

필자가 진행하는 '고전독서아카데미'에선 독서량을 한 주 300페이지로 한정해서 읽도록 한다. 독서에 부담을 주지 않기 위해서다. 두꺼운 책은 책 두 권을 모아놓은 것에 지나지 않는다. 한 주에 책을 한 권 읽는다 생각하고, 이 주 정도 읽는다면 두려움에서 벗어날 수 있다. 다른 방향에서 고려할 방법도 있다. 한 페이지에 일 분 정도 걸린다면 800페이지라면 800분을 책에 할애해야 한다. 필자는 30분 단위로 알람을 설정해놓고 읽는다. 30분 알람이 울리면 책 읽기를 중단한다. 책 뒤편에 30페이지를 읽었으니 남은 페이지 770. 남은 시간 12시간 30분이라고 적는다. 이렇게 읽는 시간과 페이지를 셈하면서 나가면 마음이 편하다. 시간 배정을 제대로 하고 한 페이지씩 읽어나가면 된다. 하루 두 시간이면 6일 정도 걸린다.

두꺼운 책은 두께에 비례해 그 책에 시간을 배정한다는 마음가짐이면 된다. 이를 책 뒤편에 적어가며 두려운 마음을 극복한다. 30페이지마다 읽고 그 마지막 책 아래 빈 공간에 요약 세 마디 그리고 느낌 세 마디를 적어놓으면 더욱 좋다. 그때그때 요약이나 느낌은 책을 다 본 후 독후감을 쓰는 데 큰 도움이 된다. 책을 읽으면서도 요약하려는 마음가짐으로 대하니 남는 것도 많다.

다시 원점으로 돌아가서 강조하자면 독서하는 방법 중 혼자 하기보다는 같이하라는 점을 힘주어 권하고 싶다. 어쩔 수 없이 혼자 하게 된다면 할 수 없지만 처음 독서에 임하는 경우 독서 모임에 가입하거나, 만드는 걸 권하고 싶다. 앞서 말한 대로 같이 하면 멀리 갈 수 있기 때문이다. 필자는 화요일엔 고전 독서를 가르친다. 토요일엔 '토행독' 독서를 하고 일요일 아침엔 '빛고을100독서아카데미'를 만들어 운영 중이다. 이 때문에 매주 책 3권은 기본적으로 읽는다. 사이에 리치 독서와 정치 독서도 끼어 있다. 이렇게 읽지 않으면 안 되는 상황을 만드는 것도 지속적 독서를 위해 필요하다.

독서, 혼자 하다 보면 뭘 읽었는지 기억하기 어렵다. 읽은 것을 다른 사람과 만나 토론해보는 것이 필요하다. 이런저런 점을 고려해봤을 때 독서 모임 가입이 독서 출발의 좋은 방법일 수 있다.

- 혼자 가면 빨리 간다. 같이 가면 멀리 간다. 독서를 오래하려면 독서 모임에 들어가서 함께 독서하라.
- 『총, 균, 쇠』 같은 두꺼운 책은 책이 두 권이라고 생각하라. 800페이지면 적어도 800분은 배정해라. 하루 두 시간, 2주 동안 보면 된다.
- 책을 읽을 수밖에 없는 곳에 자신을 묶는 것도 좋은 방법이다.

2장

액티브 시니어는 왜 독서하는가?

1. 심장을 뒤흔든 86세 할아버지의 한마디

"정신이 가난하구먼."

독서를 왜 하는지에 대해 물으면 필자는 유튜브에서 오광봉을 쳐보라고 권한다. "정신이 가난하구먼"이라는 말은 부산 감천동 신문 배달원인 오광봉 할아버지가 방송국 PD에게 한 말이다. 오광봉 할아버지는 86세다. 그 나이에 신문 배달하는 것 자체가 방송사의 앵글을 빨아들이는 것 같다. 거기까지 스토리라면 '늘그막에 고생한다'로 끝냈을 것이다. 오광봉 할아버지 이야기는 양파 껍질처럼 벗길수록 더 재밌는 이야기가 나와 필자 역시 보고 또 보곤 한다. 오광봉 할아버지 이야기를 더 주목하는 이유는 독서 이야기 때문이다. 감천동은 가난한 달동네인 것 같다. 오르막, 내리막이 심하고, 동네가 골목길로 채워진 것 같다. 거기서 36년간 신문 배달을 한다는 할아버지.

50세부터 했다는 말이 된다. 하루에 신문 400부를 돌린다.

대단한 건강이다. 심한 노동이기도 하다. 필자도 젊은 시절 신문사에 있어봐서 안다. 새벽 신문 배달이 얼마나 힘든지를. 어려서 신문 배달을 해온 사람일지라도 힘들다. 몸에 배지 않은 상태에서 신문 배달하다 과로로 죽은 사람도 봤다. 수입도 변변치 않다. 한 달 100여만 원이 되지 않는다. 7~80만 원 수입을 올리는 할아버지는 이 중 생활비 3~40만 원을 제외하고 책을 산다.

어렵게 장만한 책을 장식용으로 둘리는 없다. 한 권, 한 권 충실히 읽는다. 에드워드 기번의 『로마흥망사』, 플라톤 『향연』, 『파이돈』 몽테뉴의 『수상록』 모두 무거운 책이다. 이런 책을 본다. 이 프로그램을 진행하는 PD에게 책을 들이대며 읽었냐고 묻는다. 물론 PD는 '안 읽었다'고 답한다. 이때 할아버지가 무심결에 한마디 내뱉는다. '정신이 가난하구먼.'

오광봉 할아버지는 이 말 한마디로 전국을 흔들어놓는다.

노년에 정신이 가난한 사람이 품격 있게 보일 가능성은 적다. 재산이 많고 적음은 뒤에 판단할 일이다. 예금통장 잔고에 얼마가 있든, 재산이 있든, 없든 노년에 '정신이 가난하다'는 말을 듣는다는 것은 일반적으론 '그게 뭐 대수냐'라고 할 수도 있다. 그러나 교양 있는 삶이라고 단정할 순 없다. 교양이 없는 삶이 품격이 높은 삶일 수는 없다. 이렇게 이야기하는 필자 역시 오광봉 할아버지만큼 '교양 있느냐, 품격 있느냐'라고 되묻는다면 별로 자신이 없다.

오광봉 할아버지 귀엔 리시버가 항상 꽂혀 있다. PD가 무슨 음악을 듣느냐고 묻는다. '리멤버'라고 한다. 클래식을 열심히 듣고 교향곡도 즐긴다고 한다. 가난한 재력임에도 인생을 잘 즐기고 있는 셈이다. 먹는 음식은 감자 몇 개였다. 식탁은 소탈할수록 좋다고 한다. 소박함을 생활철학으로 나타내는 삶에 고개가 숙여진다. 이뿐 아니다. 오광봉 할아버지는 일과 이외 시간엔 폐지를 모은다. 한 달 동안 리어카 한 대만큼을 모아서 넘기면 12만 원을 받는다고 했다. 이 돈으로 가정형편이 어려운 이들을 돕는다고 한다. 담담한 마음으로 이 사실을 접하며 부끄러운 생각을 감출 수 없다.

2평 남짓한 방에 3,300여 권의 책이 있다. 8만 원 주고 최근 산 책을 보여준다. 일반적으로 책 한 권은 만 원에서 많아야 3만 원을 넘지 않는다. 책 한 권이 8만 원이라면 비싼 것이다. 비교적 돈에 구애받지 않는 부자라도 구입하려면 한 번 더 생각할 것 같다. 그 책을 구하지 못해 밤잠을 설쳤다고 한다. 환경을 위한 책인데 누구나 '반드시 읽어야 한다'고 역설했다. 책을 사랑하고 독서를 즐기는 자세가 그저 존경스러울 뿐이다.

이런 미담이 전해져 할아버지는 전국 스타가 됐다. 동네 성당에선 이 할아버지를 위해 따로 독서 장소를 얻어줬다. 할아버지가 소장한 책을 모아 북카페를 만들어준 것이다. 유지비는 성당에서 대기로 했다고 한다. 오광봉 할아버지는 쉬는 시간을 동네 분들과 이 장소에서 책을 읽고 토론하는 시간을 보낼 것이라고 한다. 노후에 정신이 가난하다는 말을 들어선 안 된다. 이런 말을 듣고 좋아할 사람은 없다. 누구든 정신도 부자란 말을 듣고 싶어 할 것이다.

62세인 필자는 다행히 독서하는 자세나 방법을 알고 있고, 그리고 매일 독서를 해나가고 있으니 이분 앞에서 '정신이 가난하다'는 말은 면할 것 같다. "62세에도 읽지 않는 책을 86세에 읽을 수 있나?"라는 질문을 스스로에게 가끔 해본다. 지금도 어려운데 당연히 더 어려울 것이다. 누구든 지금 서 있는 그 나이에서 하루 30분이라도 독서를 이어가야 한다.

오늘 읽지 않으면 내일 읽는다는 보장이 없다. 역으로 오늘만 읽으면 매일 읽어나갈 수 있다. 이런 의미에서 '오늘만 실천'이라는 방법 철학은 유용하다. 필자는 운이 좋게도 대학 시절 국선도 수련을 거의 하루도 빠지지 않고 5년 정도 해서 원기단법 유단자로 사범 자격을 얻은 적이 있다. 5년간 지속해 사범이 되는 방법은 단 하나. '오늘만 빠지지 않겠다'는 단단한 결심이고 실천이다. 어떤 일이든 '오늘만 빠지지 않겠다'고 다짐하고 실천하면 내일은 더 쉬워진다. 일주일, 한 달 그리고 한 해는 금방 지나간다. 이 책을 쓰는 과정에도 이 원칙을 적용하려고 노력하고 있다. 오늘만 빠지지 않고 열심히 쓰면 조만간 책이 완성될 것이라는 신념이 서 있다.

나이 들어 하는 독서가 어렵지만 '오늘만 30분 이상 읽는다.'라는 각오로 임하면 어렵지 않을 것으로 보인다. 오광봉 할아버지는 웃으며 일이 힘들지 않느냐는 물음에 "일하지 않고 놀기가 힘들지 일은 뭐가 어렵나, 일이 있어 행복하지."라는 노동철학을 피력했다. 나이 먹고 일이 없다면 이런저런 잡생각이 나고 얼마나 힘들까? 거침없이 나오는 대답은 현실적으로 항상 생각하는 것이었기에 나오는 말이다. 실제로 국가에서 연금은 꼬박 나오지만 일이 없어 헤매고 있는 친구들을 볼 수 있다. 이들보다 오광봉 할아버지가 '더 건강하고 즐거운 삶을 살아가는구나'라는 생각을 해본다. 독서 내공이 묻어나는 대목으로도 들린다.

늙어서 더 독서를 열심히 하는 이런 유형의 기사는 찾아보면 주위에 많다. 대만 자오무허 옹 이야기가 그 사례 중 하나다. 2013년 기준 103세인 자오무허 옹의 이야기는 EBS 지식채널에서 방영됐다. 그는 75세에 유럽 배낭여행을 다녀왔다. 87세에 대학에 입학했다. 93세에 병원 자원봉사를 했다. 98세에 대학원을 졸업했다. 2013년 서예 개인전을 치렀다. 사람은 마음만 먹으면 뭐든 할 수 있다. 다만 '원하느냐, 원하지 않느냐' 차이만 있다고 설파한다.

사람들은 대개 이런 마음먹기를 하지 않는다. 이때 자기규정이 중요하다. 사람들은 대부분 '나는 여기까지 할 수 있다'라며 한계를 지우며 살기 마련이다. '그 나이에 그 정도면'이라는 생각이 자신에게 한계를 지운다는 말이다. 벼룩 실험이라는 이론도 있다. 병 안에 벼룩을 넣어두면 벼룩은 병 안의 높이까지만 뛴다. 그러고 나서 병 밖으로 내놓아도 벼룩은 그 정도까지만 뛴다. 스스로 한계를 지워놓지 않았다면 벼룩은 그 10배 이상 뛸 수 있다. 사람도 익숙한 것에 만족하고 자신을 규정하며 대부분 산다.

자오무허 옹이 유럽 여행이나 대학 입학, 대학원 졸업 때 주위 사람들은 "곧 죽을 텐데, 왜 배우나?"라고 물었을 때 대답은

"나 죽지 않았네. 이렇게 살아 있지 않은가"다. 노년에 들어서면 어디를 가나 '곧 죽을 텐데'라는 말이 꼬리표처럼 따라다닌다. 나이 들어 귀가 들리지 않는다. 기차표 예매가 불가능했다. 자오무허 옹은 컴퓨터 자판에 큰 글씨로 글자가 보이도록 붙이고는 컴퓨터 사용법을 죽기 살기로 배웠다고 한다. 기차표 예매도 가능하게 됐다는 대목은 눈물겹다. 병이 나지도 않았고 사고도 나지 않았는데 왜 곧 죽는다고 난리를 피우는지. 항상 자오무허 옹은 답답했다. '늙는다는 것은 중요하지 않다'고 그는 담담하게 말한다.

이 부분은 100살 평화 활동가인 롤랑 베이 프랑스 변호사의 말과도 일치한다. 100살 산 것은 별로 중요하지 않다. 100살 산 것보다 중요한 일을 많이 했는데 사람들은 '왜 백 살 사는 것에 주목하는지 모르겠다'라고 말한다. 이 분도 100살 현역 비결에 대해 묻자, '운동은 안 했지만 공부를 게을리하지 않았다'고 대답한다. 100살까지 산다는 것은 자신의 건강관리가 잘 됐다는 뜻이니 운동을 안 할 리는 없을 것이다. 다만 운동보다 공부를 강조하여 말한 것 같다. '공부를 했다는 것은 독서를 했다'는 말로 해석해야 한다. 일에 관한 독서도 독서. 100살 돼서도 책을 손에서 놓지 않았다는 사실은 변치 않는다.

부산 오광봉 할아버지나 대만 자오무허 옹 그리고 프랑스 롤랑 베이 변호사의 공통점은 모두 100살 시대를 살고 있는 장수 노인들이다. 이 나이에 많은 재산을 보유하는 것도 중요하다. 하지만 건강과 정신 문제는 더욱 중요하다. 백 살이 되면 재산

보다는 건강과 정신적 풍요가 더 비중이 높아 보인다. 죽을 즈음에 가면 '재산이 많다, 적다'는 뒷전이다. 알렉산더 대왕이 죽으면서 관 밖으로 자신의 빈손을 내놓아 보이도록 한 이야기도 생각난다. 전 세계를 제패한 대왕이지만 죽을 때는 '한 푼도 가지고 가지 못한'것을 보여주기 위해서였다고 한다. 인간이 죽고 나면 후손들에게 부자인 할아버지보다 '책을 열심히 읽는 할아버지'로 기억되는 게 더 중할 수 있다. 나이 들어 어찌 생각해보면 정신이 가난한 것은 대단히 자존심 상할 이야기다. 노후에도 독서가 필요하다. 노후 독서가 필요한 이유를 이처럼 극적으로 표현한 대목이 있을까?

노후에 정신이 가난하다는 말을 듣지 않으려면 당장 알람 30분을 설정해놓고 오늘만 독서를 해야 한다. 오늘 안 하면 내일 한다는 보장은 없다. 오늘만 독서하면 내일도 이어갈 수 있다.

- 백 살 시대, 은행 잔고가 많은 것도 중요하지만 정신이 부자인 노후도 귀중하다. 하루 30분 이상 독서를 놓지 말라.
- 노후에 일이 힘든 것이 아니라 일 없는 것이 더 힘들다. 소탈한 식생활도 중하다.
- 죽을 때 재산 한 푼 저승에 가져갈 수 없다. 재산을 남기는 것만큼 독서하는 모습을 후손들 마음에 남기는 것이 더 나을 수 있다.

소크라테스는 '점검되지 않는 삶은 살 가치가 없다'고 일갈했다. 점검이란 묻고 또 묻는 일이다. 올바른가? 아름다운가? 훌륭한가? 등이다. 이와는 거리가 먼 작품이 있다. 러시아의 대문호 도스토옙스키의 대표작 『죄와 벌』을 토요일 독서 모임에서 다룬 적이 있다. 억지로 읽어나갔다. 문학작품이라 대충 읽어 넘어갈 수가 없다. 한 문장, 한 문장에 복선이 깔려 있을 수 있다. 등장인물이나 이야기가 얽혀 있어 한 문장, 한 문장 대충 읽기가 부담스럽다. 대문호이니 대충 쓰지는 않았을 것이기 때문이기도 하다. 두꺼운 책을 힘들게 읽었지만 기억에 남는 것은 별로 없다.

이 책에서 강하게 남는 것은 주인공 라스콜니코프가 늙은 전당포 여주인 알료나 이바노브나를 도끼로 살해한 장면이다. 이 현장을 목격한 이복동생 리자베타 역시 죽인다. 라스콜니코프의 살인 명분은 단순하다. '비범한 영웅인 나폴레옹은 많은 사람을 죽여도 된다. 평범한 사람은 죽임을 당하는 것이다.' 자신은 비범한 뜻을 가진 대학생인데 전당포 여주인은 평범한 사람이다. 죽여도 된다는 것이다. 주인공은 이런 논리에 근거해 죽였다고 한다. 평범한 사람은 주어진 체제나 법에 순종하며 살아야 하고, 비범한 사람은 기존 법률을 뛰어넘을 권리를 가진다는 것이다. 나중에 양심의 가책을 느껴 자백하고 시베리아 유형을 가서 술주정꾼 딸이었던 소녀의 사랑에 감화되어 다시 태어나는, 영혼의 사랑 이야기로 마무리된다.

첫 장에서 언급한 도스토옙스키 작품『카라마조프가의 형제들』에 나오는 표도르 파블로비치 카라마조프도 자신의 아들에게 살해된다. 아들들은 드미트리와 이반, 알렉세이, 스메르자코프 4명이다. 이 중 누가 죽였는가가 주된 갈등이야기다. 자신의 아들이지만, 정식 부인이 아닌 백치 여인 리자베타 스메르쟈쉬야와의 사이에서 난 아들 스메르자코프가 죽인 것으로 나중에 밝혀진다. 스메르자코프는 둘째 아들이며 가장 이성적인 이반의 묵인 하에 자신을 사랑하고 돌봐준 아버지를 죽인다. 표도르는 큰아들 드미트리와 20대 여인 그루센카를 놓고 심한 갈등을 겪는다. 이 여인을 자신이 찍어놓고 속칭 작업 중인데 첫째 아들 드미트리가 넘보면서 연적으로 변한다. 큰아들과 연적이 된 것이다. 이런저런 이유로 드미트리가 죽인 걸로 누명을 쓴다.

이번 이야기를 도스토옙스키 소설로 시작한 것은 죄와 벌에 나오는 전당포 여주인 알료나 이바노브나와 표도르 파블로비치 카라마조프에 대한 관심 때문이다. 알료나 이바노브나는 전당포를 운영하는 동네 부자다. 표도르 카라마조프도 제법 재산은 있는 러시아 귀족이다.

둘 다 늙었다. 노후를 살아가고 있는 중이다. 알료나는『죄와 벌』주인공 라스콜니코프 시각으로는 사회적으로 해충에 불과하다. 비범한 인간인 라스콜니코프가 제거해야 할 평범하고 쓸모없는 해로운 대상이다. 표도르 카라마조프는 55세 늙은 이다. 살인자 스메르쟈코프 시각으로는 난봉꾼이고 술주정뱅이이며 호색한일 뿐이다. 살아도 별 의미가 없고 사라져야 할 존재들이라는 것이다.

주변에 알료나 같은 늙은이는 얼마나 있을까? '늙었다. 재산은 있다. 내 것만 안다'는 공통점이 있는 여성 노인은 얼마든지 있다. 표도르처럼 재산은 있지만 호색하고 술만 좋아하는 노인들은 얼마든지 있다. 늙었으니 재산에 집착하고 여자를 좋아하며 술에 빠진 것은 별로 문제가 되지 않는다는 것이 우리 사회의 일반적 시각일 것 같다. 필자도 이들과 별로 다르지 않다고 생각한다. 늙었고 돈을 좋아한다. 여자를 싫어할 일이 없다. 술은 본래 체질적으로 싫어하니 어쩔 수 없다. 노후에 누구나 본능에 충실한다. 눈앞에 욕심과 쾌락에 집착하는 것은 당연한 현상이다.

만약 이들이 늙었지만 책을 붙잡고 읽어나가는 모습을 젊은 이들에게 보였다면 어떻게 됐을까?라는 생각이 든다. 독서를 가르치는 독서쟁이로서 당연히 해봄직한 상상이다. 알료나도 전당포를 하지만 책을 보고 사색하며 남을 배려하는 모습을 라스콜니코프에게 보였다면 무참히 도끼에 살해되는 일은 없었지 않을까?

표도르도 호색하고 술을 좋아하지만 책도 보고 아들들과 토론하며 생각하는 진중한 모습을 보였다면 어땠을까? 물론 소설 속 주인공들이다. 이야기를 끌어가기 위해 인물 설정을 그렇게 했다. 노후 독서를 생각하는 입장에서 소설 속 노후 주인공의 다른 모습을 가정을 해봤다. 만약에 이들이 틈틈이 독서를 하는 습관을 좀 더 젊었을 때부터 했더라면……

인간 안에는 다양한 잠재적 성격이 상존한다. 재산에 집착하는 성격, 내 것만 생각하기도 바쁜 성격. 나누고자 하는 노력, 타인 배려를 하려는 행동. 각박한 세상이지만 누구나 이런 여러 가지 모습이 인간 안에 존재한다. 카라마조프 소설 속엔 조시마 신부가 나온다. 막내아들 알렉세이는 이 신부의 모습을 보고 수도승이 된다. 조시마 신부는 곧 죽을 나이다. 주변의 온갖 존경을 받는다. 이런 모습을 알료샤나 표도르가 흉내만 내는 정도라도 했다면 비참한 죽음은 면했을지 모른다.

필자 가정에 따르면 이들이 노후에 독서하며 사색하는 진중한 모습을 주변인에게 보이기만 해도 자신의 목숨을 보전하는 행복은 누렸을 것이다. 다소 억지스럽다. 틀린 이야기는 아닐 것이라는 자신감은 일부 있다. 늙어서도 '왜 사는가 어떻게 살아야 하는가'를 부단히 자신에게 물어보고 살 필요가 있다. 여기에 대한 답은 자신이 내릴 수도 있다. 자신보다 먼저 살다간 괜찮은 사람들의 모습을 살펴보고 정하는 방법도 있다. 책을 쓴 사람들은 나보다 더 진중하고 생에 대해 고뇌를 많이 한 사람들이라고 가정하자. 책 속에는 저자가 존경할 만한 유명인들의 삶도 많이 담겨 있다. 나이 들수록 책을 자주 보며 늙어가면서도 '왜 사는가, 어떻게 살아야 하나'를 재정립해봐야 한다. 젊어서만 꿈과 비전을 생각하는 것은 아니다. 오히려 노후에 더욱 필요할지 모른다. 곧 죽어야 하니 그전에 자신의 삶의 의미를 정립해봐야 하기 때문이다.

이처럼 책 속에는 많은 사람의 인생이 담겨 있다. 자신이 지표로 삼을 만한 롤모델들도 많다. 책을 읽는 이유 중 하나는 이런 롤모델을 찾는 것이다. 롤모델을 찾아, 살아가는 지표로 삼아야 한다. 필자가 최근 독서 중 찾은 롤모델은 '로렌 싱어'라는 환경 운동가이다. 아주 젊은 여대생이고 지금은 환경 운동가이다. 이 환경 운동가는 3년 동안 생활하면서 자신에게 나오는 쓰레기 내지 환경 오물이 될 요소들을 없앤다. 모든 방법이 동원됐다. 3년 동안 이 노력은 지속됐다. 마지막엔 이 모든 쓰레기를 조그만 병 하나에 집어넣는다. 그 사진을 보는 순간 평생 이 환경 운동가의 삶을 마음에 새기겠다고 결심했다. 내 바인더 꿈 목록에 적혀 있다. 되고 싶은 모습에 이 환경 운동가의 이름을 올렸다. 내가 사는 지구를 후손에게 잘 전해 넘기기 위해, 우리가 쓰는 물건이나 음식 중 어느 것도 지구에 부담이 되지 않도록 하는 노력을 해보자. 환경 운동을 잊지 말자는 것이다.

그가 2016년 제주도에서 강의를 했다. 뉴욕에서 환경을 전공한 평범한 대학생이었다. 그 강의 요점에 3가지 행동 강령이 있다. 첫째, 자신의 쓰레기를 확인하는 것. 예를 들어 플라스틱 공병이 자꾸 쓰레기로 나온다면 한 번 쓰고 버리지 않고 계속 쓸 수 있는 병을 구입하라고 한다. 둘째, 일회용품을 최소화하라는 것이다. 재사용 가능한 용기를 사용하고 플라스틱 빨대를 사용하지 말자는 뜻이다. 셋째, 그녀는 스스로 제품을 만드는 선택을 했다. 세정제나 화장품 등을 돈 들이지 않고 직접 만들어 쓰려고 노력했다. 다 따라서 하지 않았다. 그 이후 필자 삶이 크게 변한 건 없다. 다만 쓰레기나 오염 물질을 하나하나 보면서 이런 것들이 지구 환경에 부담되지 않으려면 어떤 노력을 해야 할까를 되묻는다. 독서 중 생긴 이런 롤모델을 기록해 놓으면 사는 동안 삶의 지표가 된다. 늙어서 이제 죽을 텐데 무슨 의미가 있는가? 하고 물을 수 있지만 죽음이 얼마 남지 않았으므로 더욱 이런 과정은 긴요하다.

이뿐 아니다. 우리나라 초대 00장관을 지낸 인사의 실제 사례다. 이분은 퇴직하고 사무실을 냈다. 60년대 정도다. 젊은 8등신 미인 5명을 비서로 고용했다. 60년대이니 가능할 듯싶다. 요즘은 주변 눈치나 비용 때문에라도 생각하기 어렵다. 젊은 여인들 기운을 받고 노후를 즐기며 산다는 뜻이다. 이 정도는 웃으며 넘길 수 있다. 하지만 본받을 일은 못 된다. 이분은 향후 5년 목표를 세워 크게 액자에 넣고 이를 보며 살았다고 한다. 물론 매년 이 액자 내용은 바뀐다. 노후에 5년 목표를 써놓고 이를 액자에 걸어놓고 살아간다면 이분 삶의 의미는 거기에 다 담겨 있다고 볼 수 있다. '다 늙어 사는데 무슨 목표가 필요 하느냐'고 반문하는 소리가 들린다. 5년 목표를 세워놓고 살아가는 것 그 자체가 노인에게 주는 선물은 많다. 우선 살아야 할 이유가 분명해지기 때문이다. 일이 없으니 목표도 없다고 반문할 수 있다. 일은 찾아서 하는 것이고 만들어서 하는 것이다. 목표 역시 찾아서 만들어야 하는 점을 명확히 해야 한다.

또 기억에 깊이 남은 소설 하나가 있다. 톨스토이의『전쟁과 평화』이다. 분량이 많은 책을 매주 300페이지씩 나눠서 일요일에 하는 독서아카데미에서 수업을 진행해가며 읽었다. 6~700페이지가 넘는 책이 4권 정도 된다. 한 달에 한 번씩 300페이지 봤으니 8주 만에 본 것이다. 요즘 방식은 내용이 끊긴다면서 한 권을 2주에 걸쳐 내리 읽는다. 두 달이 걸린 셈이다. 톨스토이는 자신의 사촌 형인 브론스키 공작의 삶을 보며 이 책을 구상해서 썼다고 한다.

황제 알렉산드르 1세가 나폴레옹과의 전쟁에서 승리한 이후에 러시아 개혁을 게을리하자 젊은 장교들이 1825년 12월 14일 페테르부르크의 원로원 광장에서 반란을 일으킨다. 알렉산드르 1세의 반동 정치에 입헌정치와 농노제 폐지를 목표로 재카브리스트(12월 혁명)이 일어난다. 이 혁명의 실패로 장교 대부분이 시베리아로 유형을 떠나 30년을 보낸다. 그 30년 동안 이들 귀족 청년 장교들은 농노들을 대상으로 독서를 통해 계몽하려는 농촌 운동을 펼친다. 톨스토이는 이들의 삶을 품격 있는 삶이라고 규정했다. 러시아 귀족 모두가 그렇게 살아야 한다는 메시지로『전쟁과 평화』를 썼다고 한다. 1917년 러시아 혁명 전 러시아의 미래에 대해 톨스토이는 이런 삶을 대안으로 제시한 것이다.

『전쟁과 평화』는 날마다 파티를 하고 춤을 추며 즐기면서 소비하는 러시아 귀족들에게 경종을 끼친 소설이다. 여기서 품격 있는 삶이라는 키워드를 건진다. 이 소설을 보고 독서아카데미에서 학생들은 품격 있는 삶을 인생 목적 중 하나로 삼는다.

노후 독서는 이처럼 재산만 많은 전당포 노인이나 호색한 술주정꾼이 되지 않는 길을 찾도록 도와준다. 로렌 싱어 같은 환경 운동가를 롤모델로 삼고 살아가게 한다. 브론스키 공작처럼 품격 있는 삶을 지향하도록 한다. 노후 독서가 필요한 이유는 '노후에 왜 사는지, 무엇을 위해 살 것인지, 어떤 롤모델을 보며 살아야 하는지'를 부단히 업데이트(향상)하게 해준다. 소크라테스가 주장하는 점검하는 삶인 것이다. 노후 독서의 또 다른 이유는 다음 장에서 소개하는 것처럼 후손에게 본보기가 된다는 점이다.

- 왜 사는가, 어떻게 살 것인가를 부단히 체크하는 소크라테스의 점검하는 삶을 위해.
- 환경 운동 등을 구체적인 내용으로 하는 품격 있는 삶을 그려나가는 노후가 되었으면 한다.

노후 독서를 시작했을 때, 내게 가장 큰 영향을 주었던 이야기는 1620년 메이플라워호를 탄 두 가문 후손의 스토리다. 두 후손이름은 마르크 슐츠 에드워즈 조나단이다. 이들은 미국에서 새로운 미래를 그린다는 점에서 같았다. 마르크 슐츠 는 "큰돈을 벌어 부자가 되어서 내 자손에게는 가난이라는 것을 모르고 살도록 하겠다."며 뉴욕에 술집을 차린다. 그는 엄청난 돈을 벌어서 당대에 큰 부자가 된다. 조나단 에드워즈 는 "독서를 하며 전도를 하는 목사가 되겠다."며 독서와 신앙에 집중했다.

세월이 흐른다. 150년이 지나 5대째 자손들로 이어진다. 뉴욕시 교육위원회는 이 두 사람의 자손들을 조사해본다. 술집 사업가 '마르크 슐츠'의 자손은 5대에 1,062명의 자손을 뒀다. 이 중 교도소에서 5년 이상 형을 산 자손이 96명, 창녀 65명, 정신이상, 알코올중독자만 58명, 자신의 이름도 쓸 줄 모르는 문맹자가 460명, 정부의 보조를 받아서 살아가는 극빈자가 286명이었다. 정부의 재산을 축낸 돈이 1억 5천만 불, 한화로 환산하면 1,800억 원이다.

독서와 전도에 힘쓴 '에드워즈 조나단'은 유명한 프린스턴대학을 당대에 설립하고, 5대를 내려가면서 1,394명의 자손을 퍼뜨렸다. 성직자 116명, 예일대학교 총장을 비롯한 교수, 교사

86명, 군인 76명, 고급 관리 80명, 문학가 75명, 실업가 73명, 발명가 21명, 부통령 1명, 상·하의원, 주지사가 나오고, 종교인 286명, 도합 816이나 된다. 나라에 낸 세금과 후손들을 지도자로 키움으로서 미국 발전에 지대한 공헌을 했다. 정부의 재산을 전혀 축내지 않았다. 위대한 유산은 재물이 아니다.

두 사람은 한 동네에 살았고, 나이도 비슷했고 재력도 거의 같은 수준에서 시작했다. 술을 좋아한다고 해서 독서를 안 하는 것은 아니다. 얼마든지 술도 좋아하고 독서도 좋아할 수 있다. 에드워즈 조나단의 직업은 유명 목사였다. 직업상으로도 설교를 위해 많은 독서를 했다. 슐츠는 술집을 경영하는 사업가였다. 독서와는 비교적 거리가 멀었을 것이다. 후손들은 아버지의 어떤 모습을 보고 자랐을 것인가?

조나단의 후손은 부친이 독서하는 모습을 보고 성장했을 것이다. 슐츠 자손들은 술 마시는 부친 모습이 익숙할 것이다. 자식들은 부모 말은 잘 듣지 않는다. 단, 모방의 천재들이다. 부모의 앉는 모습, 걷는 모습을 그대로 따라서 한다. 자신의 아들, 딸, 손주들이 독서하는 모습과 술 마시는 모습 중 독서하는 모습을 닮길 누구나 원할 것이다. 하루 30분이라도 부모가 독서하는 모습을 자식들 앞에서 보이는 것이 중요하다고 주장한 이유이다.

자식을 이기는 부모가 없다고 한다. 필자 역시 변호사 아들과 웹툰 작가 딸을 두고 있다. 어떤 정치적 입장이나 가정사를 놓고 가끔 토론을 벌이는 경우가 있다. 의견을 주고받는 과정에서 견해차가 심하다는 걸 확인하고 놀라곤 한다. 인생의 중요한 시점에선 물론 부모 말을 따라줬다. 커가면서 고분고분하게 따라주지 않아 서운한 부분이 많기도 했다. 부모와 자식 간 의견이 맞지 않을땐 결국 자녀들 뜻대로 하도록 허용한다. 자식이라도 자신의 인생이다. 대신 살아줄 수 없다. 책임질 일도 아니다. 시간이 지난 후 보면 부모 말이 100%로 맞지 않다. 아들, 딸 말이 맞는 부분이 오히려 더 많다. 서로 다른 시간을 보내고 다른 세대를 살기 때문에 이견이 생기는 것은 당연하다. 시대 대세를 잘 읽는 것은 자식들이고, 과거사에 이은 결정 같은 것도 부모 말이 맞을 가능성이 높다. 현 시대 젊은이들의 상황을 진단한다는 측면에서는 자식들의 말이 맞는 것 같다. 결론은 자명하다. 부모가 의견을 표명할 뿐 결정은 본인이 내리도록 해야 하는 것이 상식적이다.

최근 베스트셀러 중 정혜신의 적정심리학 『당신이 옳다』라는 책에는 '충조평판하지 말기'라는 말이 있다. 충조평판이란 충고하고, 조언하며, 평가하면서, 판단하는 것'을 말한다.

누구에게든 함부로 '충조평판하지 말자'는 뜻이다. 아들, 딸 등 자식과 손주도 해당된다. 일반적으로 노인들은 주변 상황을 고려하지 않고 무조건 충고한다. 조언하고 평가한다. 물론 걱정돼서 조언한다. 자기 잣대로 평가한다. 자기 생각대로 판단한다. 특히 자녀들에게 눈만 마주치면 충고하고, 조언하며, 평가하고, 판단한다. 이를 얼굴을 볼 때마다 반복한다. 자녀가 자신의 뜻대로 움직일 때까지 '충조평판'이 계속된다. 자신의 신념을 강요하는 셈이다. 늙으면 '한 말을 또 하고 또 한다'는 말을 듣게 된다. 진정으로 자녀를 걱정하고 생각해서 나온 말이나, 듣는 자녀 입장에선 노인 잔소리가 계속되고 있을 뿐이다. 부모는 말할 기회를 엿보다가 어쩌다 그 틈이라도 생겼다 싶으면 이처럼 같은 말을 반복하는 녹음기(?)를 틀어댄다. 소위 '충조평판'을 열심히 해댄다. 자식들은 고개를 돌린다. 외면한다. 이는 부모가 자초한 일이다. 필자 역시 예외가 아니다. 아들과 딸이 함께 있을 땐 자신도 모르게 부단히 '충조평판'성 잔소리를 반복한다. 이런 자신을 보고 깜짝 놀랄 때가 많다.

자식들은 충조평판을 매우 싫어한다. 대신 모방하기는 천재다. 앞에서 말한 대로 어린아이들은 어른 걷는 모습까지 그대로 따라 하기 마련이다. 사람이란 이런 모방 습성을 모두 가지고 있다. 부모의 어떤 습성이든 따라 한다. 부모 모습을 아들이나 딸에게서 그대로 볼 수 있는 것이 자식들이 알게 모르게 모방하고 있기 때문이다.

앞서 인용했던 전 연세대 철학 교수 김형석 옹은『백 살을 살아보니』라는 책 서문에서 이런 말을 한 적이 있다. "나는 세계 여러 지역과 나라들을 여행하면서 크게 느낀 바가 있었다. 왜 영국, 프랑스, 독일, 미국, 일본이 선진 국가가 되고 세계를 영도해가고 있는가. 그 나라의 국민들 80%이상은 100년 이상에 걸쳐 독서를 해왔다. 이탈리아, 스페인, 포르투갈, 러시아 등은 그 과정을 밟지 못했다. 아프리카는 물론 동남아시아나 중남미에 가도 독서를 즐기는 국민적 현상을 볼 수 없다."

"나는 우리 50대 이상의 어른들이 독서를 즐기는 모습을 후대에게 보여주는 일이 무엇보다도 중요하며 시급하다고 믿고 있다. 그것이 우리들 자신의 행복인 동시에 우리나라를 선진국으로 진입, 유지하는 애국의 길이라고 확신한다. 나이 들어 느끼는 하나의 소원이기도 하다." 이 대목을 보고 많은 충격을 받았다. '왜 이런 자명한 사실을 아직 보지 못한 건지……' 카프카는 책을 읽는 과정을 도끼로 얼어붙은 마음을 깨지는 깨달음이라고 표현했다. 그런 느낌이었다. 박웅현이라는 작가도 『책은 도끼다』라고 했다. 이 부분을 보고 사명과 비전으로 삼아야겠다고 결심했다. 부모가 후대에게 독서를 즐기는 모습을 보여주는 일을 50대가 나서서 해야 한다라는 것을 분명히 깨달았다.

최근 우리 사회를 흔들어놓은 책 『축적의 길』을 쓴 이정동 교수는 우리 사회가 4만 달러 수준까지 가지 못한 이유를 다양하게 설명하고 있다. "대한민국이 중간소득함정에 빠져 성장엔진이 식어가고 있다. 선진국이 준 설계도를 실행은 잘하지만 백지 위에 밑그림 그리는 개념설계 역량이 없다. 시행착오 경험을 담은 고수를 키워라. 교과서가 없다. 이는 돈으로 사기 어렵다. 아이디어는 흔하다. 아이디어를 혁신으로 완성해야 한다. 혁신은 축적의 결과다. 현장 없이 혁신 없다. 혁신은 조합이다. 오래된 사회적 축적이 기술 선진국의 비밀이다. 중국의 경쟁력 비밀은 공간의 힘으로 축적의 시간을 압축한 결과다. 이를 이해하고 이용하라."는 내용을 담고 있다.

이런 현상을 선진국 독서 축적 역사와 연결시킨다면, 논리적으로 근본은 같은 말로 들린다. 부모 세대들의 독서하는 모습들이 축적되고, 이러한 모습이 후손에게 전달되어야 한다는 뜻이다.

톨스토이는 "세상을 변화시키려는 사람은 많다. 하지만 자신을 변화시키려는 사람은 없다. 세상을 바꾸려면 자신을 바꾸라"라고 말했다. 자식들에게 독서하는 습관을 물려주려면 그들 앞에서 책 읽는 모습을 보이면 된다. 부모가 자식에게 거액의 재물이나 유산을 남겨주려는 것은 결코 잘못된 일이 아니다. 그것은 당연한 것이다. 문제는 유산이 내 자손들에게 복된 유산이 될 것인지 아니면 해독을 끼칠 유산인지 깊이 고민을 해보고서 전해줘야 된다. 술 먹는 모습도 좋지만 독서하는 모습을 전해줘야 한다는 것이다. 노후 독서는 이런 의미에서 본보기 독서이다. 후대를 구하고 나라를 부강하게 하는 건 독서다. 이뿐 아니다. 인생은 자기완성으로 가는 과정이다. 자기완성과 독서를 어떤 관계일까?

> • 선진국이라는 영국, 프랑스, 독일, 일본, 미국 등은 부모 세대가 100년 이상 독서를 해온 이력이 있다. 이런 것들이 후손에 이어졌다. 부모의 독서하는 모습이 자녀들에게 전해지는 세월이 우리에게도 필요하다. 50대가 독서에 나서야 하는 이유다.

독서를 하는 이유 중 하나는 인생 롤모델(ROLE MODEL)을 찾기 위해서이다. 자신이 어떤 사람과 닮고 싶은가? 이에 대한 답을 찾아가는 것이다. 1930년대 시카고대학 허친스 총장이 당시 이름 없는 지방대학에 불과한 시카고대학을 89개 노벨상(2014년 기준)을 받는 대학으로 키워낸다. 교육 과정 중에는 '롤모델 갖기'란 목표가 있다. 당시 카친스 총장은 학생들에게 고전 100권을 읽고 '자신의 롤모델 한 사람'을 가지도록 했다고 한다. 그 롤모델이 살았던 삶을 그대로 닮도록 교육한 결과, 다수의 분야에서 노벨상 수상자들이 나온다.

인생의 롤모델을 갖는 것은 마치 바다를 항해하는 배가 등대를 보고 가는 것처럼 인생의 방향을 설정케 한다. 산다는 것은 속도보다 방향이라고 했다. 인생 북두칠성을 갖고 사는 것이다.

이처럼 책 속에는 닮고 싶은 롤모델들이 있다. 이들을 생각하며 독서를 해나가는 것도 필요하다. 다음에 소개할 사람들은 다들 어마어마한 독서가들이어서 감히 근접하기 힘들다. 이런 사람도 있음을 알고 부단히 독서하며 자신의 독서법을 갈고닦아 나간다면 이들과 점점 닮아가지 않을까 하는 생각을 해본다.

필자에게 독서를 배운 사람들은 대부분 귀에 못이 박히도록 들었다. "독서는 언제까지 해야 하나요?" "죽기 전날까지입니다."

퇴계 이황 독서법이라는 것이 있다. 천자문 한 장을 배우면 이를 외우고 다음 날은 그 전날까지 포함해 두 장을 외우고 결국 그 책 전체를 외우는 식이다. 고등학교 때 수학 선생이 수학의 정석을 이런 식으로 처음부터 끝까지 외웠다. 공부법 중 '막고 품는다'고 했는데 퇴계 이황 선생식이다. 조선시대 인물 중 최고의 독서가는 이덕무(1741~1793) 선생이라고 한다. 이덕무는 박제가, 박지원, 유득공 등과 이용후생파 실학의 중심 인물이다. 뛰어난 학문을 모두 인정했지만 서얼 출신이었다. 이덕무 선생은 『입연기』 등 10여 권 책을 남겼다. 그는 청나라에서도 인정하는 조선 최고의 시인이었다. 정조도 인정한 학자였던 이덕무가 평생 읽은 책은 2만여 권이었다. 이 시절 책 한 권 값은 초가집 한 채 정도다. 당시 한양에는 1만여 권을 소장한 양반집이 다수였다고 한다. 초가집을 1만 채씩 가지고 살았던 것이다. 이들 장서가들은 이덕무에게 책을 빌려주는 것을 자랑으로 여겼다고 한다. '이덕무가 읽지 않으면 책이 아니다'라는 식이다. 이덕무 선생은 53세까지 살았으니 짧은 기간 동안 2만여 권을 읽었다고 볼 수 있다. 후일 박제가나 박지원 등이 이를 인정하는 글들을 남긴다.

바로 이어 다산 정약용(1762~1836)이다. 향년 74세. 1803년 강진으로 유배를 가서 18년간 520여 권의 책을 저술했다. 오랜 유배 기간을 보낸 기구한 삶을 살았다. 천재성과 성실함, 진보적 사상에 모두 놀란다. 200여 년 전 조선을 구하기 위해 온몸을 거는 삶을 살았다. 그가 쓴 『목민심서』는 베트남 국부인 호치민이 죽는 날까지 곁에 두고 읽은 걸로 유명하다. 호치민, 이승만, 김구 등은 과거시험 마지막 세대이다. 유학자들이기도 하다. 이런 호치민이 한문으로 써진 목민심서를 열심히 읽었다는 것은 수긍할 만하다. 박지원의『열하일기』는 일본 막부 지도자들이 읽은 것으로 유명하다. 당시 일본은 유학을 정권 유지 수단으로 삼고 유학 진흥에 힘썼다. 중국에 갈 기회가 없으니 조선 최대 유학자 박지원의 중국 여행기인『열하일기』를 통해 당대 최고의 유학자의 시각으로 본 청나라를 만날 수 있었다.

정약용 선생이 500여 권을 쓰기 위해 얼마나 많은 책을 어떤 식으로 읽었겠는가는 현재 독서 전문가들의 관심거리다. 지금 씽크와이즈, 에버노트 등 모든 지식 저장 수단을 동원해 활용해도 과연 그 정도 저술이 가능한지가 의문이다. 다산 정약용의 독서법을 재현해낼 수 있다면 더 이상 독서법은 없을 듯하다. 지금 남아 있는 자들의 숙제다. 초서 독서법이 그 것인데 책을 읽는 중요 내용을 메모하는 방법이다. 반드시 제대로 재현해냈으면 한다.

세종대왕이나 정조대왕의 독서 이력도 유명하다. 조선 최고의 현군들은 독서를 최고 학자들만큼이나 즐겼다. 그들보다 더 많았으면 많았지 덜하지는 않았다. 세종대왕은 백독백습으로 유명하다. 백 번 읽고 백 번 쓰며 새긴다는 뜻이다. 정조대왕 독서법도 이에 못지않다. 세종 때 국내 발명품 숫자가 당시 세계 최고였다는 기록도 과학사에 버젓이 있다. 요즘 같으면 국제 특허 출원할 것이 가장 많았을 것이다. 독서를 가장 많이 한 세종대왕과 정조대왕의 치세가 가장 부강했던 것을 증명하는 증거는 다수 존재한다.

최고 권력자는 최고 독서가인가? 이를 증명한 사람이 중국 모택동이다. 모택동의 독서 스승은 쉐터리다. 이 선생은 '10년 안에 파산하겠다'는 뜻을 세웠다고 한다. 자신의 교사 생활로 생긴 돈을 모두 책을 사서 읽겠다는 뜻이다. 8년 만에 파산을 했다. 이후 쉐터리 선생은 이후 이 소문을 듣고 전국 여러 군데서 매일 강사요청이 쇄도했다. 강사 비용으로 즉시 반전을 이뤘다고 한다. 쉐터리 선생의 영향을 받은 모택동은 학교를 6개월만 다니다 그만두고 도서관 사서로 들어앉아 '도서관 책 전체를 읽겠다'는 뜻을 세웠다. 책을 보며 책 안에 '찬성', '반대' 등 자신의 의견을 적었고 이를 독서 노트에 기록했다.

장개석이 이끄는 국민당군과 내전인 대장정 때 말라리아에 걸려 힘들 때도 책을 한순간도 놓지 않았다. 삼복사온(三復四溫) 독서법으로 유명하다. 세 번 읽고 네 번 익히는 식이다. 모택동이 죽기 전까지 독서량이 3만여 권이라는 추정이 있다. 프랑스 대통령 드골도 모택동과 같은 수준의 독서가였다. 나폴레옹은 이집트 원정 시 1천여 권을 책을 싸들고 다녔다. 총알이 오가는 전쟁터에서도 책을 읽었다. 링컨 대통령 독서 이야기는 항상 들었던 말이다. 이외 레오나르도 다빈치, 마키아벨리 모두 대단한 독서가였다고 한다. 권력과 정보 그리고 독서를 연계시켜 보면 틀린 말은 아니다.

우리나라 최근 인사 중 존경하는 독서가는 『전환시대의 논리』를 쓴 이영희 교수다. 그가 남긴 『대화』라는 마지막 대담식 저서를 읽어보면 그가 평생 얼마나 많은 책을 읽었는지를 생생하게 만날 수 있다. 50년대, 60년대, 70년대 그리고 90년대 민주화가 되기까지 군사독재정권 폭압 속에서 젊은이들에게 삶의 좌표를 제시한 시대의 사표였다. 남이 접하지 못한 외국 서적까지 꼼꼼하게 읽고 미래를 내다보면서 한국 사회가 나아갈 길을 보여줬다. 캄캄한 한국 민주주의에 조그만 빛이었다. 김대중 대통령의 독서도 대단하다.

일본에도 독서의 신이 많다. 다신교 사회인 일본은 살아 있는 사람도 신으로 추앙한다. 매일 하루 한 권 읽고 독후감을 천 일이 넘게 꾸준히 올리고 있는 마쓰오카 세이코, 『1만 권 독서법』을 쓴 인나미 이쓰이, 한 번 읽은 책은 십 년이 넘어도 잊지 않는다는 후루야마 시몬 등도 대단한 독서가들이다.

서양 독서가 중 피터 드러커를 빠뜨릴 수 없다. 3년마다 전문 분야 하나씩을 개척한 그는 100세 가깝게 살면서 저술을 이어갔다. 그가 경영학을 개척했고, 미국의 경영학을 우리나라가 받아들였기에 '한강의 기적이 있었다'는 해석도 일부 나온다.

톨스토이의 『전쟁과 평화』를 보면 이 작품을 왜 썼는지 배경이 마지막에 나온다. 톨스토이는 주인공들의 삶을 '품위 있는 삶'이라고 표현했다. 공산주의가 들어서기 전 러시아의 앞날을 이런 품격 있는 귀족들 삶에서 찾았다. 이를 그려낸 것이 『전쟁과 평화』다. 이들의 일상인 품격 있는 삶은 독서를 기반

해서 이뤄진다.

『조화로운 삶』이라는 책을 쓴 미국 헬렌과 스코트 니어링 부부는 자본주의에 대항해 대안으로서 자연주의 삶을 그렸다. 이들은 뉴욕을 벗어나 주변 농가로 이사한다. 자연 속에 하루 반나절 집중적으로 일한다. 나머지 시간을 독서와 글쓰기와 토론으로 보낸다. 그리고 나머지 시간은 한가로운 자신의 삶을 즐기기 위해 노력했다. 저축하지 않았다. 자급자족하려 노력했다. 더 많은 재화를 위해 인생 대부분을 보내는 자본주의 정글 안 경쟁적 삶에서 헤어나지 못하는 이들에게 대안을 분명히 제시했다.

앞서 언급한대로 러시아 블론스키 백작과 미국 니어링 부부에게서 닮고 싶은 점을 찾았다. 환경 운동가 로렌 싱어도 중요한 롤모델이다. 죽기 전날까지 지속적인 독서를 해나가고 독서법을 부단히 향상시켜 나간다면 누구든 이들 독서 수준을 넘어설 수 있을 것으로 믿는다. 나이 든 사람이나 젊은이나 상관없이 책을 보면서 그곳에 있는 독서 롤모델들을 보고 따라하기를 노력해나가며 새로운 삶을 개척하길 기대해본다.

> • 독서는 롤모델 찾기다. 인생은 속도가 아니라 방향이 중요하다. 인생 북두칠성으로 롤모델들을 쳐다보며 자신의 삶을 품격 있게 올려놓는 노력을 지속적으로 이어나가야 한다.

자기완성의 긴 여정, 자기계발 독서로……

인생은 자기완성에 가깝게 다가가는 긴 여정이다. 사는 목적은 자기완성을 위해서이다. 완성이라는 의미는 완벽을 뜻한다. 거기에 얼마나 가깝게 가느냐가 문제이지 정작 자기완성한 사람은 없다. 공자, 석가, 예수 등 성자로 불리는 사람들은 그런 걸 나름대로 이룬 분들이다. 일반인에게도 자기완성에 근접할 방법은 많다. 노후 독서도 근원적 방법 중 하나다.

어떤 노후 독서를 해야 자기완성에 쉽게 가까워질 수 있을까? 막연하다. 필자는 자기계발서부터 보는 것도 좋다고 생각한다. 자기계발서 하면 대부분 거부감을 느낀다. 성공을 위해서 여러 가지 처세술을 써놓은 것 아닌가? 그 수단이나 방법을 자기계발서들에서 나름 제시하는데, 그것이 옳은 것인가? '뻔한 내용이다. 볼 것 없다' 등 반응은 다양하다.

이를 비유적으로 설명하는 예를 들어보자. 고대 원시인들이 매머드를 사냥했다고 하자. 이 거대한 매머드를 원시인이 먹는 방법은 뭘까? 거대한 매머드를 힘을 모아 간신히 사냥은 했는데 한꺼번에 먹을 수 없으니 어찌할 도리가 없다. 현대인 같으면 매머드 고기를 조각내서 냉장고에 넣어놓고 조금씩 먹을 것이다. 원시인들도 이 고기가 썩지 않게 동굴 속에 넣었을 것이다. 아주 잘게 조각내서. 마찬가지다. 거대한 자기완성이라는 고기를 온전히 먹기 위해서는 잘게 조각내야 한다. 냉장고나 서늘한 곳에 넣어놓고 조금씩 먹는 수밖에 없다.

잘게 쪼개는 작업이 자기계발이라고 생각한다. 자기완성에 조금씩 다가서기 위해 인간은 부단히 자기계발을 해야 한다는 것이다. 자기계발을 잘하기 위해서는 자기계발 전문가에게 훈련을 받든지 아니면 그가 쓴 자기계발서를 탐독해야 한다. 읽은 것을 부단히 실천해서 자기 것으로 만들어야 한다. 그런 자기계발이 쌓이면 자기완성에 조금씩 가까워질 수 있다.

자기계발서도 급이 있다. 세계적인 그루격 책들이 많다. 그 중 필자가 좋아하는 책은 브라이언 트레이시의『백만 불짜리 습관』이다. 지인 중 필자가 존경해 마지않는 독서광이 있다. 영등포에서 미용실을 경영하는 남성이다. 박 모라는 친구인데 자기계발과 독서 전문교육기업인 '3P자기경영연구소'에서 교육을 받으며 알게 된 사이다. 좋은 교육 과정에서는 좋은 친구를 만나는 기쁨이 있다. 이 친구는 일 년 동안 1000권 독서를 해내서 주목을 받은 인물이다. 이 기간 그는 사업을 잠시 뒷전으로 두고 일 년간 독서에만 매진했다. 자신이 사업에 성공하지 못한 이유를 독서 부족으로 생각했기 때문이다.

이후에도 지독한 독서를 했다. 매일 아침과 저녁 모두 3시간 정도를 무섭게 독서했다. 이 후배는 브라이언 트레이시의『백만 불짜리 습관』이라는 책이 닳아 더 이상 못 읽게 돼 새로 구입한 것만 해도 10권이 된다. 같은 책을 10권이나 사서 읽는 우직함이란 혀를 내두를 정도다. 이 독서광이 자기계발서에 올인

하는 모습을 보고 이 책을 다시 봤다. 자기계발에 나올 내용을 대부분 담고 있다.

자기계발서를 열심히 읽어 직장에서 성공한 지인 한 명을 소개한다. 한국전력의 K 모 지사장이다. K 지사장은 입사한 초년생 시절 『스티븐 코비의 7가지 습관』이라는 책만 몇 년간 책상에 놓고 읽었다고 자랑했다. 옆 동료들이 '왜 그 책만 보냐'며 핀잔을 주었다. 꿋꿋이 이 책만 회사 내 책상에 꼽고 읽는 지인의 모습을 보고, 어느 날 과의 교육 담당이 '그 책 강의를 한 번 하라'고 제안했다. 이 책을 백 번 정도 읽었으니 못 할 이유가 없었다. 강의를 청산유수같이 하고 난 후 회사에서 입지가 달라졌다. 윗사람이나 지인들, 후배들은 K 지사장을 인정하기 시작했다. 자기계발 전문가로 평가받으며 승진 가도를 달리기 시작했다는 후문이다.

위의 두 가지 사례는 자기계발서 대표 서적으로 브라이언 트레이시 『백만 불짜리 습관』과 스티븐 코비의 『7가지 습관』을 권하는 의미에서 에피소드로 이야기한 것이다.

인류 대부분이 인정하는 공통 도서 '성경'도 어떤 의미에서는 자기계발서다. 문학, 역사, 철학서도 자기계발서다. 읽고 나서 자신이 배워야 할 점을 찾아 생활에 적용한다. 이 책들을 보고 자신이 더 나아졌다면 그 책은 자기계발서 역할을 제대로 한 것이다. 이런 의미에서 세상의 모든 책은 자기계발서다. 역사책은 역사를 통해 과거를 돌아보며 현재 자기를 자기계발하게 한다. 문학도 마찬가지다. 철학은 생활 속 지혜가 있어 더욱 그렇다. 만약 문학, 역사, 철학 등이 아닌, 자기계발서라면 돌아가지 않고 직접적으로 명확한 길을 보여준다.

문사철 책은 읽고 나서 여운이 있고 이를 되새겨보면서 자기 적용점을 찾아내는 과정이 있다. 다소 돌아가는 기분이다. 이런 우회적인 방법이 더 설득력이 있어 보이는 점도 있다. 깨달음 속에 자기계발이 있어 오래가고 효과도 높다. 반면 이런 반론도 있다. 바쁜 세상에 굳이 에둘러 돌아갈 필요가 있을까? 그냥 있는 그대로 길을 보여주는 책이 있다. 그것이 자기계발서다. 설사 그 내용을 적용하는 데 사람마다 다른 점이 있어 혼선을 빚는다 해도 자기계발이 되는 책임엔 틀림없다. 어느 자기계발 작가는 임계점이라는 키워드를 내세우며 자기계발서 책 용량을 주장하기도 한다.

자기계발서를 몇 권 읽느냐에 따라 자기 변화도 그 정도가 달라진다는 뜻이다. 만약 한 권 읽고 자신이 한 가지 적용점이라도 정확하게 찾아내 생활에 100% 적용한다면 진정한 의미의 자기계발 즉 자기완성으로 한 걸음 다가간 것이다. 백 권이면 백 걸음만큼 다가간다고 가정하자. 이백 권, 삼백 권……. 점점 나아진다. 대개 백 권을 기점으로 삼백 권, 사백 권에 임계점이 있다고 주장하는 저자들도 있다.

자기계발서는 읽기가 다소 쉽다. 마음먹기에 따라 하루 서너 시간을 투자하면 한 권도 읽을 수 있다. 일 년, 이 년 정도 여기에 집중하면 금방 승부를 낼 수 있다. 유명 베스트셀러 이모 작가의 독서량은 우리나라에서 꼽을 정도다. 이 작가는 처음 독서하던 시절 자기계발서만 2천여 권을 읽었다는 말을 했다. 자기계발서를 너무 가볍게 생각하는 시각은 위험하다. 자기계발서에만 집착하는 경우도 곤란하다. 문학, 역사, 철학 등과 함께 자기계발서를 거부감 없이 받아들이는 것이 필요하다.

특히 노후에 무슨 자기계발이냐는 반문이 많이 나올 수 있다. 출세할 일도 적고 성공해서 승진할 일도 별로 없는데 무슨 자기계발서냐는 말이다. 이 말에 대해 늙었으니 '자기완성을 향해 다가가는 작업을 중지해도 되느냐'고 되묻고 싶다. 나이 들수록 자기 자신을 더 엄격하게 되돌아봐야 한다. 나이 들었다는 이유로 타인에게 예의를 대충 차리거나 무시해서는 곤란하다. 외모도 더 단정해야 한다. 행여 후배들이나 가족들에게 이처럼 지저분하게 나이 든 테를 내는 것은 주변 사람을 곤란하게 하는 일이다. 이런 것을 되돌아보게 하는 것이 자기계발서다. 물론 노후에 자기계발서만 집중해서 볼 일은 없다. 외면하지 말라는 뜻이다. 그 시대에 맞는 새로운 자기계발서가 나오면 반갑게 봐야 한다는 뜻이다.

매주 화요일마다 도서관에서 고전 독서를 지도하고 있다. 매주 고전 300페이지 정도를 읽게 하는 강의다. 여기서도 생활에 적용할 점을 찾으라고 학생들에게 요구한다. 시대를 뛰어넘은 고전에는 지금 사고방식으로는 이해하기 어려운 부분이 많다. 그러기 때문에 다양한 시각으로 접할 수 있다. 사고가 더 말랑말랑해지고 유연하게 된다. 고전 독서가 노인의 굳은 사고를 풀어주는 역할을 한다는 뜻이다. 이런 점에서 고전은 자기계발에도 효용이 높아 보인다. 특히 고대 로마 사람들 이야기를 보면 로마인들의 유연하고 열린 사고방식에 고개가 숙여진다. 전쟁에서 승리한 후 패자를 끌어안고 로마인으로 편입하는 과정은 지금 상식으론 받아들이기 어렵다. 이렇듯 사고방식을 유연하게 하면서 의식 수준을 높이는 것이 고전이다. 고전을 읽으면 인간의 의식 수준이 높아지면서 자기계발이 된다. 이런 자기계발이 자기완성으로 이어지는 것은 당연하다.

이는 노후 독서가 자기완성의 지름길이라는 것을 확신시켜 주는 대목 중 하나다. 세상의 모든 책들은 자기계발을 직접 말하고 있느냐 간접적으로 말하고 있느냐 하는 두 가지 유형이 있을 뿐이다. 모두 섭렵해서 자기완성의 길을 가깝게 만들어나가야 한다는 뜻이다. 또한 이런 책들을 보고 생활 속에 적용하려면 독서법이 좋아야 한다. 별생각 없이 읽다 보면 별생각 없이 페이지가 넘어간다. 읽고 나면 남는 것이 별로 없게 된다. 독서 효과가 반감된다는 것이다. 앞으로 책을 읽는다면 생활 속에 적용할 점을 반드시 한 가지 이상 챙겨야 한다. 그 한 가지를 모아 나가야 한다. 노후에도 그런 실천이 모여 사람이 변화된다. 변화는 성장이다. 노후 성장은 자기완성으로 이어진다.

독서를 하다 보면 더 나은 적용을 위해 독서하는 방법을 바꿀 필요를 느끼게 된다. 괴테는 이에 대해 "나는 나이 80이 넘었지만 아직도 독서법을 제대로 익히지 못했다."라는 말을 했다. 이는 독서법도 익히면 익힐수록 더욱 좋은 방법이 많다는 뜻이기도 한다. 이 부분은 뒤장에 더 자세한 설명을 하겠다.

에이브러햄 링컨은 자신이 도끼로 나무를 자르는 일을 하는데 6시간이 있다면 4시간은 도끼날을 가는데 사용하겠다는 말을 한 적이 있다. 노후 자기완성에 이르기 위해 자기계발이 이어져야 한다. 자기계발을 하기 위해 부단한 독서가 필요하다. 독서의 효율을 높이기 위해서는 링컨이 도끼날을 갈 듯이 부단히 더 나은 독서법을 개발해야 한다. 다음 장은 이런 독서를 하기 위해 준비해야 하는 것이 무엇인지를 살펴보고자 한다. 노후 자기완성은 독서로 그 길을 찾아간다. 노후 독서는 더 나은 독서법으로 향상될 수 있다.

> • 자기완성에 가깝게 가려면 부단한 자기계발이 이어져야 한다. 자기계발서가 중요한 이유다. 세계 최정상급 자기계발서 탐독을 권한다. 브라이언 트레이시 『백만불짜리 습관』, 스티븐 코비 『성공의 7가지 습관』 등은 어떨지.

Part 2

How to 액티브 시니어의 독서

3장

건강 우선 리듬 독서법

1. 독서 마인드 세팅(setting)
- 독서에 임하는 마음가짐

"나는 독서하는 방법을 배우는 데, 80년이라는 세월을 바쳤지만 아직도 다 배웠다고 할 수 없다." 독일 시인이며 극작가 그리고 세계 문학가인 요한 볼프강 폰 괴테가 한 말이다.『젊은 베르테르의 슬픔』으로 우리에게 익숙한 괴테는 1749년생이다. 1832년까지 살았으니 83세의 삶이다. 그동안 그는 독일 고전주의의 대표자이면서 바이마르 공국(公國)의 재상으로도 활약했다.『파우스트』,『빌헬름 마이스터의 편력시대』등 작품이 있다. 200여 년 전 그가 독서에 대해 남긴 말이니 귀 기울일 만하다. 독서를 평생 했고 독서법을 배웠지만 아직도 다는 못 익힌 것 같다는 겸손한 마음을 드러낸 것이다. 그의 직업으로 보아 세상의 모든 책을 읽고, 더 많은 책을 읽으려고 노력했으리라 여겨진다. 독서를 하면서 이런저런 방법을 동원해 독서 효율을 높이려고 나름 노력도 했을 것으로 보인다.

어느 부분이든 처음 배울 때는 그까짓 것 하며 깔보는 태도로 배우기 시작한다. 하지만 들어가면 갈수록 대부분 그 분야가 의외로 배울 것이 많다는 걸 알게 된다. 공부한다는 것은 배울수록 공부할 것이 더 많다는 걸 확인할 뿐이다. 소크라테스는 이에 대해 자신이 무엇에 대해 얼마나 모르는가를 알 뿐이라고 단언했다. 이 글귀를 처음 접한 느낌은 도끼로 감수성이라는 마음안 얼음이 깨지는 것이라고 해야 할까. 무척 충격이었다. 카프카는 독서가 얼어 있는 감수성을 깨는 도끼가 되어야 한다고 했다. 이 구절을 모 작가는 책 제목으로 삼았는데 어찌 됐든 그런 의미의 충격을 받았다. 세계적인 대문호가 독서법에 이런 생각을 했다는 것이 반갑기도 했고 당연하다고 공감했다. 책을 읽는 사람은 모두 의식적으로든 무의식적으로든 나름 독서법을 갖고 있다. 독서법엔 정답이 없다. 그 깊이도 천차만별이다. 평생 배워도 모르는 부분이 더 많을 것으로 추측된다.

막 독서를 접하는 사람 입장에서 독서법부터 배우는 건 매우 부담스러운 일이다. 독서법이란 앞서 지적대로 정해진 공식이 없다. 따라서 정답도 없다. 자신이 읽는 법이 독서법이다. 이런 독서법을 부단히 개선해나가는 과정이 필요하다. 괴테는 이런 작업을 평생 의식적으로 해왔기 때문에 첫 구절에 나온 대로 80년 동안 독서법 공부를 해왔노라고 말한 것이다. 이제까지 독서법이라는 단어를 본 적이 없다면 지금부터는 이 단어가 나오면 조금 귀를 기울이며 볼 필요가 있다. 당연히 봤으면 적용해본다. 그 결과 자신이 독서에 쏟는 기존의 시간보다 그 효율이 높아질 것이다. 독서란 자신을 변화 내지는 개선시키는 작업이다. 정신부터 시작해 마음가짐 그리고 행동이 변하게 된다. 부단한 자기계발로 이어진다. 이는 자기완성으로의 접근이라는 인생의 대업으로도 연결될 것이다. 이 과정에 독서 효율이 높다는 것은 인생의 큰 의미를 갖는 뜻이다.

그렇다고 큰 부담을 가질 필요는 없다. 지금 있는 그 상태에서 이제라도 보고 듣는 말에 조금 신경 써서 적용하며 독서에 임하면 된다. 책을 처음 만나면 바로 책장을 넘기고, 무작정 읽어나간다면 당신은 무슨 일이든 '들이대기'부터 하는 행동형이다. 이런 방법도 나쁘지 않다. 우물쭈물하기보다는 바로 읽기에 들어간다는 것 자체가 독서의 시작이기에 괜찮다. 조금 신중하게 책의 전체 그림을 그려보고 읽기 시작하면 효율이 더 높다.

독서를 힐링이라고 간주하는 사람이라면 이런 부분을 신경쓰지 않아도 된다. 그저 막연히 읽으면서 '힐링이 된다'고 생각하는 것 자체면 된다. 거기서 조금 나아간다면 '독서만을 위한 책 읽기'는 힐링 이외에 큰 의미가 없다는 점을 분명히 해야 한다. 독서를 통해 뭔가 얻어야 한다고 생각한다면 미리 준비를 해야 한다. 미리 준비하지 않으면 소기의 목적을 달성하기 어렵기 때문이다. 근대 세균학의 아버지라고 명명되는 루이 파스퇴르는 "기회는 마음의 준비가 되었을 때 찾아온다."고 했다. 이번 독서를 통해 무엇을 얻을 것인가를 분명히 하고 책을 잡으면 그 후에 돌아올 성과가 크다. 이처럼 책 읽기나 공부할 때나 마찬가지다. 항상 독서를 시작하기 전 '준비'를 해야 한다.

▲무엇을 위해 독서하는가? ▲이 책에서 배우고자 하는 것은 무엇인가? ▲어떤 방법으로 책을 읽어야 하는가? ▲이 책을 다 읽고 얻을 수 있는 것은 무엇인가? ▲이루고 싶은 꿈은 무엇인가?

이런 걸 자신에게 묻고 나름 정리하면서 독서를 하면 효율이 높아질 수밖에 없다. 이 책 독서를 통해 무엇을 이루고 싶은지, 어떻게 되고 싶은지를 미리 정한다. 이렇게 목적이 확실하면 '자신에게 가장 잘 맞는 방식'으로 독서를 하려고 노력한다. 그 결과 집중력이 높아져 효율적으로 독서할 수 있다.

독서법의 시작은 이처럼 마음의 준비부터다. 마음의 준비는 어떻게 해야 하는가? 마음의 준비에 필요한 네 가지 항목이 있다. ▲목적(목적과 보상) ▲조건(환경과 능력) ▲욕구 ▲이미지가 그것이다. 이를 풀어서 말하면 목적을 확실히 정하는 것이다. 이 책을 읽고 그것을 반드시 이루겠다는 욕구를 가지고 이를 위한 조건을 만든다. 목적을 달성한 자신의 모습을 떠올린다. 이런 정도다. 그냥 읽기보다 이런 절차를 습관화한다면 책을 읽으며 조는 경우가 적어진다.

예를 들어 사마천의 『사기열전』을 읽기 시작한다고 하자. 이 책을 읽는 목적을 정한다. 필자의 목적은 '중국 역사상 최초로 역사를 기술한 사마천의 책을 읽어 중국 고대사를 알겠다. 고전을 가르치는 강사가 되는데 도움을 받겠다'는 것이다. 보상은 '이걸 읽으면 중국 역사에 나오는 인물들을 알게 된다. 고전 강사로서 틀이 잡힌다.'(보상) 이런 그림을 그려나가야 한다. 이 책 한 권 읽고, 중국 역사를 다 알 수는 없다. 강사가 될 수 없다. 단, 이런 목적이나 보상을 마음에 새기는 것은 본인 선택에 달려 있다.

노후 독서를 하면서 "이런 목적과 보상까지 생각할 필요가 있느냐"는 반문이 제기될 것 같다. 늙어서 거기까지는 '무리지 않겠느냐'며 몸을 뒤로 빼는 사람들에게 '독서 마인드 세팅' 이론을 전하고자 한다. 어떤 일이든 마음가짐인 마인드 세팅에는 '고정 마인드 세팅'과 '성장 마인드 세팅'이 있다. 인간의 능력은 변하지 않는다고 믿는 마음가짐이 고정 마인드 세팅인데 반해 현재 가진 능력은 단지 성장을 위한 출발점이며 노력이나 전략 또는 타인의 도움을 통해 변하고 성장할 수 있다고 믿는 것이 성장 마인드 세팅이다. 변화하고 성장할 수 있다고 믿는 성장 마인드 세팅이 늙어도 반드시 필요하다.

스탠포드대 심리학자 캐럴 드웩(Carol Dweck) 교수는 같은 능력을 가진 사람이라도 마인드 세팅에 따라 발휘할 수 있는 능력이 달라진다고 했다. 인간은 아이에서 어른이 되기까지 수많은 실패를 거듭하고 또다시 도전하면서 자신의 능력을 키우고 성장한다. 실패와 도전을 반복하는 과정은 성장의 필수 요소다. '실패해도 도전을 포기하지 않는' 심리의 이면에는 '자신의 능력은 노력으로 변화시킬 수 있다'는 사고방식이 깔려 있다. 드웩 교수는 이를 성장형 마인드 세팅(growrth minds)이라고 명명했다.

필자는 어린 시절에 "왜 그런 거야?"라거나 "그게 뭐야?"라며 끊임없이 질문을 던졌다. 무언가 모르는 것이 있고 그래서 실패했다고 해도 어떻게 하면 잘할 수 있을지 적극적으로 생각을 이어갔다. 아이들이 끊임없이 "왜?"라는 질문을 하는 이유도 이 때문이다. 영국 작가 이언 레슬리는 어린아이야말로 호기심 그 자체이며 그것이 "인간의 성장에 반드시 필요하다"고 말했다. 실제로 2세부터 5세에 이르기까지 3년 동안 아이는 총 4만 번 질문을 한다고 한다. 이러한 성장형 마인드 세팅을 어른이 되어도 유지할 수 있느냐, 없느냐가 모든 일의 성패를 결정짓는다.

노후 독서도 성장형 마인드 세팅을 하고, 책을 무엇을 위해 읽는 것인지를 분명히 하면 독서 효율이 높아진다. 또 "무엇을 얻을 것인지", "읽고 나면 내가 어떻게 변할지" 정도를 생각하고 독서에 임하면 독서가 쉬워진다. 괴테의 말처럼 죽기 전날까지 우리는 자신의 독서법을 발전시켜 나가야 한다.

> • 독서하기 전 마음가짐을 다져보고 시작한다. "이 책을 읽고 무엇을 얻겠다", "어떤 변화를 이루겠다" 등 결심을 하고 독서에 임하는 것이 독서 마인드 세팅 과정이다.

한 종목 무술 유단자가 되어보기

한겨레 신문 2014년 3월 5일자 (건강과 삶)에는 여자검도사 범회 김 모 회장의 검도 인생을 그려놓은 기사가 있다. 제목은 '기 실린 죽도의 끝에 바람이 먼저 눕는다'이다. 당시 나이 60세였던 김 회장이 22년간 검도 수련을 해온 내용이다.

이분은 제주 출신으로 여성 치과 의사다. 온종일 구부리고 앉아 진료하는 직업이라 건강을 유지하기 위해서는 각별한 노력이 필요했다. 대학 시절부터 산악부원으로 활동했고, 마라톤도 했다. 철인 삼종 경기까지 출전하기 위해 수영도 했다고 한다. 그러다 우연히 신문 광고를 보고 찾아간 검도장에서 시작한 검도가 22년째다. (2014) 당시 10년 전 한 달간 일본에 머물며 검도를 배웠다고 한다. 90세 할아버지 검사가 머리 하얀 노제자들의 부축을 받으며 문지방을 넘어섰다. 도장에 들어선 허리 구부정한 노인이 호구를 입고 죽도를 들더니 아주 반듯한 자세로 죽도를 휘두른 장면을 보고 충격을 받았다고 한다. 여든 넘어서도 검도를 하겠다고 결심했다는 내용도 나온다.

김 회장에게는 치과 의사의 직업병인 목 디스크나 오십견 같은 통증이 없다고 한다. 갱년기 증세도 느끼지 않고 추위도 잘 타지 않는다고 한다. 우리나라 검도 국내 유단자 수는 약 10만

명이고 이 중 여성 유단자 수가 3000명을 웃돈다. 6단을 넘어 7단을 따기 위해 날마다 검도 수련을 한다는 것이 기사 내용이다. 마지막 문구가 아직도 기억에 생생하다. '단련을 천 일을 하고, 연습은 만 일을 한다. 그러나 승부는 일순간.' 이 기사에 집중하는 이유는 60세 여성 치과 의사의 통증 없는 검도 수련기 때문이다. 독서하는 사람도 목 디스크와 오십견 때문에 고생할 수 있다. 해답은 하루 한 시간 검도 수련일 수 있다.

또 다른 사례 하나. 광주 서구 국선도 치평 수련원을 운영하는 장경엽 원장 이야기이다. 80세를 바라보는 장경엽 원장은 국선도 수련을 40여 년 지속해왔다. 장경엽 원장은 국선도 법사다. 우리나라 국선도계의 법사란 사범으로서 10년 이상 수련을 해야 얻을 수 있는 호칭이다. 「국선도라는 명칭은 신라시대 화랑들이 익혔다는 신선도에 나라 '국' 자가 앞에 들어가면서 국선이라는 이름이 만들어졌다.」

9700여 년 전부터 우리 민족에게 전해 내려오는 민족 고유 전통도법이다. 1967년 청산거사가 문을 연 이래 우리나라엔 수련원이 78개, 연수장이 200여 곳이 있다. 광주 서구 치평 수련원 장경엽 원장은 38년 가까이 (2019년 기준) 국선도 수련을 했다. 1998년 향림사에서 국선도 수련원을 열었고 하루도 거르지 않고 국선도 수련을 이어가고 있다. 40여 년간 지속한 수행 비결에 대해 장 원장은 "하루도 빠지지 않고 하는 것이다. 수행 과정을 도(道)로 알고 일과로 삼아야 한다"고 전한다.

장경엽 원장은 2019년 80세를 바라보고 있다. 건장한 청년

10여 명이 달려들어도 별문제가 없이 제압할 수 있을 정도 완력이 있다. 140센티 키에 땅딸한 미인 할머니이다. 장 원장은 40대 중반 '종합병원'이라 할 정도로 몸이 좋지 않았지만, 지금껏 38여 년을 하루도 빠지지 않고 국선도 수련을 해오고 있다. 자신의 도장을 차려 제자들을 가르치고 있다. 38년 매일 정성을 다해 국선도 수련을 해온 국선도 고수다. 대한민국에서 국선도를 온 힘을 다해 수련한 전설적인 선배로 추앙받고 있다.

이 두 사례를 든 것은 독서도 근본적으로 체력으로 하기 때문이다. 보통 사람 기준으로 책 한 권 300여 페이지를 아무리 빨리 읽어도 300분, 즉 5시간여 정도는 걸린다. 이걸 버티려면 온전한 체력이 필요하다. 죽기 전날까지 독서를 이어가려면 이런 체력을 기르는 노력도 필요하다. 국선도는 단계가 있는 운동이다. 필자가 해본 검도 역시 단계가 있다. 1년이면 초단, 이후 2년 하면 2단, 또 3년을 더하면 3단이 되는 식이다. 3단까지 가려면 6년이 필요한 셈이다. 앞에 소개한 대로 검도를 6단까지 한 여자 치과 의사 분은 젊은 시절 탁구를 그만둔 후 몸이 좋지 않아 시작한 검도를 22년째(2014년 기준) 하고 있다고 한다.

노후 생존을 위해선 운동이 필요하다. 운동이 생존인 셈이다. 운동 습관을 하나 정도 만들어놓는다면 장기적으로 독서를 하는 데 큰 도움이 될 것으로 보인다. 운동 중 국선도나 검도 같이 한 단계, 한 단계 밟아간다면 장기 독서하는 데 밑거름이 된다. TV에서 70대 후반인 노인이 요가를 수련해 요가 강사로 활약하는 모습을 본 적이 있다. 이분은 60대 중반에 장 수술을 받고 나서 몸 상태가 좋지 않았다. 요가 도장에서 매일 수련을 하면서 요가 강사 자격까지 땄다. 몸의 건강은 자연스럽게 이뤄졌다.

92세 할머니가 체조 선수처럼 운동하는 모습을 그린 유튜브가 있다. 검색에 '92세 체조 할머니'라고 쓰면 금방 볼 수 있다. 대단한 건강이다. 그분도 젊은 시절 배운 체조를 하루도 빠지지 않고 해온 결과물로 보인다. 자신이 죽기 전날까지 독서를 이어가겠다면 이런 운동 하나를 정해놓고 매일 이어갈 필요가 있다. 운동이 최우선이어야 한다. 그런 체력을 만들어가면서 독서를 한다면 필자가 말한 '건강 우선 리듬 독서'가 시너지를 발휘할 것이다.

여성분들 사례를 든 것은 독서 강좌에서 여성분들이 독서를 하려고 노력하는 모습을 많이 보아서다. 그분들이 항상 건강으로 고생하기 때문에 이런 사례를 올린다. 『나이듦 수업』이라는 책엔 여성 저자가 우리나라 여성의 운동 습관에 대해 질타하는 내용이 나온다. 중·고교 시절 우리나라 여성들이 체육 시간이면 운동을 피하고, 요조숙녀처럼 움직이지 않고 가만히 앉아 있는 모습으로 청소년 시절을 보냈다는 것이다. 일본 여자 중·고교생들이 모두 한 종목 이상 체육을 열심히 하며 체력을 기르는 모습과는 대조적이다. 물론 일부 체육을 즐기는 여성도 많다. 하지만 사회 분위기가 여성들이 움직이면서 운동하는 분위기가 아니기에, 이러한 풍조로 인해 여성들이 나이가 들면 체력의 저하로 이어진다고 지적한다.

남자든 여자든 운동하는 버릇을 들이지 않으면 나이 들어 육체적 건강 때문에 고생할 것은 뻔한 일이다. 다시 말하지만 독서는 어떤 면에선 체력으로 하기도 한다. 노후 독서를 지속적으로 이어가기 위해선 단이 있는 무술 한 종목을 택해서 지속적으로 이어가는 것도 한 방법이다. 필자는 국선도 사범 수련까지 대학 시절에 해보았다. 40대에도 이런 과정을 마쳤다.

예전 습관이 있어 하루 한 시간 정도 유연성, 지구력, 근력 운동을 만들어 해오고 있다. 이런 체력 덕분에 책을 보는 데 큰 애로를 느끼지 않는다. 책을 보다 힘들면 당연한 듯 습관처럼 운동을 한다. 때문에 책을 볼수록 더 건강해져야겠다는 역설적인 주장을 하면서 독서를 이어가고 있다. 앞서 말한 대로 죽기 전날까지 독서를 해나가려면 어떤 운동이든 고단자가 되려는 노력도 고려해볼 만하다. 근본적인 건강 만들기가 우선일 수 있다. 독서를 본격적으로 시작하는 것을 계기로 운동도 본격적으로 겸하는 사람들이 늘어나 더 건강한 사회가 되기를 기대해본다. 거기에 건강을 담은 책들을 읽어나가면 한 차원 높은 건강을 만들어나갈 수 있다.

> • 죽기 전날까지 독서를 이어가려면 국선도나 검도 등 단이 있는 무술에 도전해 체력을 본격적으로 길러가는 노력도 해볼 만하다.

이 책을 쓰는 데 가장 큰 주제는 "노후에 독서를 하면서 건강을 더 키울 수는 없는가?"라는 질문에서 시작돼 "그런 길을 반드시 찾아야 한다."는 데 있다. 독서를 배운 제자들 중엔 40대 후반에 어렵게 독서를 시작한 경우가 대부분이다. 귀중한 독서이지만 "볼수록 눈은 침침해지고 허리는 아파오는데 독서를 더 이상 해야 하는가?" 하는 의문을 제기한다.

구체적으로 공립 유치원 모 교사였는데 독서를 아주 좋아했다. 어떤 책이든 가리지 않고 열심히 읽었다. 특히 『코스모스』 등 무거운 주제와 두꺼운 책들에 더 많은 관심을 보이곤 했다. 유치원에 평생 갇혀 있는 듯한 느낌이 싫어 학교 생활이 끝나면 독서로 시간을 보내는 중량감 있는 독서가였다. 눈의 시력이 점점 떨어지고 있는 것이 문제였다. 독서캠프에 참여해 '건강 우선 리듬 독서'를 배울 것을 몇 번 권했지만 개인 사유로 참여하지 못했다. 결국 눈이 점점 안 보인다는 이유로 독서를 포기했다. 부군에게 책을 읽어달라고 부탁해서 집에서 듣는 독서를 하고 있다는 말을 들었다. 『더 리더』라는 영화 제목처럼 부군이 '책을 읽어주는 남자'가 된 것이다. 보기에 따라 매우 멋있는 부부 관계인 듯하다. 미래 전망에 따르면 운이 안 좋은 경우(?) 원치 않아도 150살에서 200살까지 살아야 한다고 한다. 책을 죽기 전날까지 읽어야 한다면 아직 백 년 이상 남았는데 벌써 '디폴트'(포기) 해야 하다니 안타깝다.

앞서 언급한대로 50살이 채 안 된 나이에 노안이 와 신문 보기를 포기한 방송사의 선배가 있다. 선배와 비슷한 경우가 주변에 많다. 40대 중반이 넘으면서부터 읽는 행위를 포기한 경우는 얼마든지 있다. 필자에게 독서를 배우는 모 공무원도 연령이 50대 초반이다. 독서에 대해 '초짜'는 아니었다. 여기서 초짜는 일 년간 책을 10권 미만 보는 경우들을 이른다. 독서를 한 이력이 제법 있다. 여기저기 독서 모임에 다닌 경력도 있다. 이 공무원은 이런 경험담을 전한다. 일주일에 책 한 권을 의무적으로 읽어야 하는 독서 모임 등을 가면 흔히 볼 수 있는 현상 중 하나를 지적했다. 의욕적으로 독서를 시작했으나 서너 달 지나면 회원이나 학생들이 '툭툭' 떨어져 나가는 경우가 아주 많다. 주로 건강 때문에 포기 한다. 특히 '안구건조증이 많다. 난독증이 있는 경우도 많다. 이뿐 아니라 허리가 아파 앉아 있을 수가 없다.'라는 케이스가 대부분이다.

필자는 최근 수영을 배우고 있다. 8개월이 되어간다. 자유형, 배영, 평영, 접영 모든 과목을 100미터까지 가야겠다는 목표를 가지고 달려들었다. 나이 탓이든 능력 탓이든 매우 느린 진도였다. 7개월이 지났을 때였다. 숨이 가쁘고 머리 부분 특히 뇌에 큰 수압이 느껴졌다. 머리가 크게 흔들렸다. 심각한 고민에 빠진다. 수영을 포기해야 하나 하는 고민을 했다. 옆 사람들에게 묻는다. "이렇게 머리가 아픈 게 당연한 건가요?" 나이 많은 여자분들도 "아니다"라고 고개를 흔들었다. 무엇이 문제인지 고민하며 코치를 비롯한 주변 사람들 다수에게 물었다.

필자 스스로 가쁜 숨을 쉬고 있어 혈압이 높아지는 경우인 것을 발견해 겁이 났다. 돌이켜보니 쓰고 있는 수영 모자가 늘 어나지 않는 고무형이어서 압력이 높아지는 것도 문제였다. 수 영 모자를 수축성이 높은 것으로 바꾸었다. 그리고 가쁜 숨을 의식하며 이를 세밀한 숨으로 돌리라는 충고를 듣고 고치려고 많은 노력을 했다.

일주일이 지나면서 이런 현상이 해소됐다. 완벽하지는 않지 만 그런대로 극복한 것 같다. 수영 실력이 늘지 않아 고민하던 중 또 다른 문제가 생겼다. 엄지발가락과 구두가 맞닿은 부분에 흉이 생겨 찢어졌다. 통증이 느껴졌다. 항상 일회용 반창고로 상처를 둘러쌓다. 물에 들어가면 효과가 없고 아무 의미가 없어 졌다. 당분간 수영을 쉬어야 할 이유가 생겼다. 이 순간 이 고비 를 넘지 못하면 그동안 7개월여 하루, 한 시간을 투자한 수영이 무너지겠구나 하는 생각이 언뜻 들었다. 세계수영선수권대회가 끝난 후에 아마추어 수영 대회인 마스터스 대회가 열린다. 50미 터 출전을 목표로 준비해왔는데 이도 포기해야 했다. 여러 가지 생각이 들었다. 그간 준비해온 노력이 많이 아까웠다.

머리는 지끈지끈 아팠다. 발목 상처가 아물 때까지 물에 들 어가는 것은 무리였다. 이런저런 이유 때문에 60세에 시작한 수영을 포기해야 할 처지였다. 맘만 잠깐 먹으면 수영을 포기 할 수 있었다. 지금 포기하면 인생에 다시 '수영과 만날 기회가 다시 찾아올까' 이런 이유로 많은 고민을 했다.

극복 방법을 찾아야 한다고 결심했다. 다행히 두 가지 장애물은 금방 해소됐다. 좋은 일회용 반창고로 잘 싸고 며칠 지나니 다행히 상처가 아물었다. 호흡 방법을 바꾸려고 노력했다. 이 사례를 굳이 드는 것은 노후 독서를 시작하면서 이런저런 이유로 하지 않아야 할 이유들이 얼마든지 생길 수 있다. 독서를 안할 이유는 얼마든지 생긴다. 하다못해 "어쩐지 읽기가 싫다"면 더 이상 할 말이 없어진다. 이 때문에 죽기 전날까지 해야 할 독서를 포기한다면 그보다 더 큰 손실은 없다. 독서가 인생의 가장 큰 행복일 수 있는데 이를 포기해야 하다니 안타깝다.

미국 하버드대학에서 행복학을 강의하는 탈벤 교수는 그의 책 『해피어』에서 행복 중 가장 두드러진 요인 세 가지를 주장했다. 세 가지를 구체적으로 살펴보면 첫째가 앎의 즐거움이다. 그다음은 적당한 일 그리고 관계. 이런 세 가지가 행복에 이르는 가장 큰 요인이라고 설명했다. 풀어보면 앎의 즐거움 즉, 배움 통해서 얻는 즐거움이 행복감을 준다. 앎의 즐거움을 주는 것은 독서를 통해서다. 독서가 안 된다면 앎의 즐거움이라는, 큰 부분을 포기해야 한다. 두 번째가 적당한 일이다. 무리하게 많은 일은 사람을 지치게 한다. 약속이 많은 사람이 행복할 수 없다. 단순한 삶 속에 행복이 있다. 그렇다고 일이 없으면 지옥이다.

이와 관련한 유머가 있다. 강도가 직업인 사람이 교통사고로 사망했다. 죽고 나니 저승에서 천사가 나타났다. 천사는 강도에게 돈을 원하면 돈을 줬고 술, 여자를 원하는 만큼 취하도록 제공했다. 1년 정도 원 없이 도둑은 삶을 즐길 수 있었다. 1년이 지나자 도둑은 천사에게 이제 놀 만큼 놀고 즐길 만큼 즐겼으니 이제 적더라도 일을 달라고 했다. 천사는 일은 줄 수 없다. "그냥 놀아라."라고 말했다. 강도는 천사에게 제발 일을 달라고 애원했다. 일이 없는 그곳이 지옥이었다. 웃지 못할 유머다. 일이 없는 삶이 행복할 리 없다. 과한 일은 물론 안 된다. 약간 적다고 생각되는 적절한 일이 행복의 요건이다. 마지막으로 인간관계가 좋아야 행복하다. 주변 사람들 중 자신을 챙겨주는 사람이 많으면 그 사람은 행복한 것이다.

어찌 됐든 앎의 즐거움을 주는 독서는 노후 여생에 행복을 주는 중요한 요인이다. 이 행복감을 주는 독서를 눈이 침침하다고, 허리가 아프다고 포기할 수는 없다. 답은 간단하다. 책을 30분 읽고 15분 쉬어준다. 30분 동안 눈이 더 침침해지고 허리가 아픈 것을 15분 동안 풀어주는 것이다. 죽기 전날까지 할 독서를 재미있다고 몸이 상하면서까지 해서는 안 되기 때문이다.

몸이 우선이다. 건강이 우선이라는 것이다. 30분 하다가 책을 놓으려면 이제 막 독서의 맛이 드는데, 집중이 되는데 '그런 상황을 깨는 일 아니냐'고 반박할 수 있다. 이 주장은 일면 타당성이 있다. 다시 생각해보면 노후에 건강보다 더 먼저인 것은 없다. 건강해야 책을 더 오래 볼 수 있다. 사람들은 돈이 건강보다 먼저라고 생각하지 않는다. 실제 생활에서 돈을 벌기 위해 다소 건강을 해치는 것이 당연하다고 생각하는 경우도 많다.

노후엔 이런 것이 통하지 않는다. 노후 선택은 항상 건강이다. 이런 철학이 명확하지 않으면 평생 돈만 벌다 죽는 경우가 된다. 건강을 상해가면서 번 돈을 건강을 찾기 위해 병원에 가서 전부 소비하고 만다. 스티브 잡스가 죽기 직전 했던 말들이 SNS에 많이 돌아다닌다. 세계 최대 부호인 스티브 잡스는 만약 다시 젊은 시절로 돌아간다면 배고픔을 면할 정도의 돈에 만족하고, 건강을 위한 책을 읽고, 좋아하는 취미 생활을 하겠다는 후회의 메시지를 남긴다. 독서보다 건강이 먼저다. 독서하는 책 중 건강에 관한 책을 많이 봐야 한다.

잠시나마 독서로 인해 악화된 건강을 되찾으려는 노력을 해야 한다. 찾다 보면 반드시 답이 있다. 방법은 얼마든지 나온다. 그 답을 찾으려는 노력에 최선을 다해야 한다. '건강 우선 리듬 독서'는 간단하다. 30분 독서하고 회복하여 다시 독서하라는 것이다. 그런 리듬을 본인이 찾아야 한다.

'표모도르'라는 앱이 있다. 25분 알람 설정이 되어 울리는 것이다. 생활 속에서나 근무 중 25분 일하면 5분 간은 몸을 위해 시간을 보내라는 취지로 만들어진 앱이다. 병원에서 의사가 말하는 건강은 병이 없는 상태다. 건강이란 병이 없는 상태가 아니다. 활기 있게 무슨 일을 해내는 상태를 건강이라고 생각해야 한다. 활력이 넘쳐 어떤 일이든 기꺼이 해낼 정도 건강을 찾아내고, 운동하면서 체력을 만들어내야 한다. 독서할수록 이런 휴식과 운동으로 더 건강해지는 시스템을 만들어낸다면 이보다 더 좋은 경우는 없다. 이런 상태가 '건강 우선 리듬 독서'를 제대로 실천하는 것이다. 필자가 원하는 것 그리고 지향하는 바가 이런 습관이 든 케이스다.

쉬는 시간에 할 운동을 구체적으로 들어보자면 굳은 근육을 풀어주는, 유연성을 기르는 운동을 할 수 있다. 가벼운 기구를 드는 근력 운동도 해볼 수 있다. 제자리 달리기 5분 정도 더하면 유연성, 근력, 지구력 운동이 가능하다. 독서를 계기로 이런 운동을 골고루 할 수 있다면 독서는 건강을 새로 만드는 과정이 될 수 있다. 가벼운 유연성 운동과 근력 운동 그리고 지구력 운동의 구체적인 예는 유튜브를 통해서 찾아 자기 나름의 방법을 만들 것을 권한다.

앞서 언급한 대로 독서를 하면서 그 책 중 건강에 관한 것을 많이 봐야 한다. 좋은 책 한 권 또는 몇 권이면 되지 않겠느냐고 생각할 수 있다. 아니다. 건강 관련 도서는 아무리 많이 읽어도 모자람이 없다. 10권 읽으면 그중 건강 관련 책을 1권 정도는 반드시 봐야 한다. 독서로 얻은 건강 상식이 늘어나면 건강이 흔들려도 휩쓸리지 않고 자신을 지켜낼 수 있다.

다시 강조하지만 책을 보면 볼수록 더욱 건강해지는 독서를 해야 한다는 것이 필자의 생각이다. 길은 반드시 있다. 그 길을 찾아 나가는 자신만의 노력이 있어야 한다. 그 노력만큼 건강이라는 보상이 자신에게 돌아갈 것이다. 실천을 통해 독서한 만큼 더 건강해지는 몸만들기를 기대해본다.

- 노후 독서는 30분 리듬으로 쉬어가며 건강을 만드는 독서여야 한다. 알람 30분을 하고 독서를 하자.
  30분 지나 물을 마시고 굳은 몸을 풀어주며 유연성, 근력, 지구력를 키우는 운동을 10분 간 해준다.

- 눈 침침 -

독서를 방해하는 시력 문제로 가장 흔하게 볼 수 있는 것은 안구건조증이다. 이 책은 의료에 관한 전문 서적이 아니다. 의학적 관점에서 보면 정확성이 떨어진다. 감안하며 독자가 판단하길 바란다. 이 증상도 사람마다 다르니 딱히 정답은 없는 듯하다. 필자의 경험으로 보면 안구건조증은 말 그대로 '눈에 물이 적어서 생긴 현상'이다. "물을 많이 마셔주면 되지 않겠는가?" 하는 의견이 있다. 물 마시는 문제에 대해서는 『물치료의 핵심이다』라는 책 내용이 유용할 것 같다. 영국 의학박사 뱁멧브릿지 박사가 쓴 이 책은 이란 혁명기 영국 의사가 감옥에서의 경험담으로 이뤄졌다. 내용은 대충 우리가 목이 마르면 물을 마시는데 그때는 이미 늦다는 문제 제기에서부터 시작한다.

인간의 병 중 신경성에 관련된 대부분 증상은 물이 부족해서라는 전제도 있다. 이란 형무소엔 의료 기구가 없다. 3000명 수형자가 아프면 이 영국 의사를 찾는다. 뱁멧 박사는 물 하나로 이들 수형자를 상당수 살려낸다. 책 내용에 따르면 인간은 체중 70%여 정도가 물로 구성되어 있다. 예를 들어 체중이 80킬로라면 56킬로그램 정도가 물이다는 뜻이다. 인간은 활동하며 부단히 물을 배출한다. 땀을 흘려서 나오기도 한다. 술이나 커피를 비롯한 차를 마시면 이뇨 작용이 있다. 물이 배출된다.

　이런 것을 보면 인간의 몸은 일종의 '수력발전소' 같다. 물을 활용해 모든 혈액 공급을 한다. 신체에 물이 부족하면 여기저기 몸에 있는 물을 가져다 사용한다. 문제는 나이 들어서다. 50대가 되어가면서 몸에 있는, 갈증을 느끼는 중추가 노후화된다고 한다. 따라서 물을 마시고 싶어하는 욕구가 줄어든다. 오히려 본능적으로 몸에서 물을 거부하는 일이 많다. 나이 든 할머니들은 '물이 마시고 싶지 않다'는 말을 많이 한다. 마찬가지로 생명체인 나무는 물이 부족하면 노랗게 변한다. 물이 더 없어지면 까맣게 변해 죽는다. 인간도 마찬가지다. 나이 들면 얼굴이 노랗게 변하고, 죽을 때 까맣게 변해 죽어간다.

　할머니들이 흔히 하는 말이 있다. "물이 어쩐지 마시기 싫다." 숭늉으로 대처하기도 한다. 또는 사이다나 콜라로 대신한다. 숭늉이나 사이다, 콜라는 물이 아니다. 벨맷 박사 정의에 따르면 물에 어떤 성분이 들어가도 물이 아니라고 한다. 수돗물 정도는 물이니 그대로 마시라고 한다. 벨맷 박사는 물 갖고 고급이니, 저급이니 하지 말라고 한다. 그저 물은 물일 뿐이라는 것이다. 어찌 됐든 물은 물로 마시면 된다. 비용이 들어가지 않아 좋다.

　그렇다면 하루에 물을 얼마나 마셔야 하나? 몸무게의 3.3% 정도를 벨맷 박사는 제시한다. 80킬로이면 2.4리터를 마시라는 것이다. 몸 전체 중 수분은 56킬로인데 이 중 2.4 정도를 매일 보충해달라는 뜻이다. 보통 생수 한 병은 500밀리다. 5병을 매일 마시라고 한다. 어떻게 이걸 다 마시라는 거냐라고 반문할 수 있다. 56킬로를 가지고 움직이는 수력발전소 같은 몸이 매일 2.4 정도 소비하니 물을 제대로 보충해달라는 것이나 다름없다. 생수 500리터짜리 다섯 병을 마셔야 한다니……. 어렵다. 인간은 낙타가 아니다. 낙타는 물 저장 기능이 있다. 인간에게는 없다. 어제까지 물을 아주 잘 마셨다고 해도 오늘 마시지 않으면 아무 의미가 없다. 하루도 빠지지 말고 500밀리리터 다섯 병을 마셔야 한다면……. 하루 일과 중 막 일어나서 한 병 마시고, 아침 먹고 500밀리리터를 마신다. 11시 즈음 한 병 마시고 점심 먹으러 나간다. 점심 먹고 3시 즈음 500리터 마신다. 저녁 먹고 500밀리리터를 마셔야 하루 5병을 소화하는 것이다. 매우 부지런해야 가능한 일이다. 물을 많이 마시면 나트륨 성분이 분해되어 몸에 문제가 생길 수 있다. 소금물을 마시라는 것은 아니다. 소금 알도 빨아서 먹어주라는 것이 밸맷 박사의 권유 사항이다. 잘 마시다가도 겨울이 되면 슬그머니 이 중요한 습관을 내려놓는 경우가 많다.

잠깐도 머뭇거리지 말고 물을 자주 마셔야 한다. 안구건조증에 걸린 사람들은 물을 자주 마셔주면 어느 정도 해소될 것으로 보인다. '물 이론'을 마음에 새기고 물을 자주 마시지만 어느 순간 이런 습관이 사라진다. 여름엔 잘 마시는데, 겨울철엔 슬그머니 놓게 되는 경험을 해봤다. 죽기 전날까지 독서해야 하듯 물 마시기도 죽기 전날까지 해야 한다. 안구건조증을 위한 기본 전제는 이런 물을 많이 마시라는 것부터 시작된다.

다음 방법은 '안구 근력 운동'이다. 『굿바이 안경』이라는 책에서 권하는 방법이다. 이 책 저자 마츠자키 이사오는 '안구도 근육이다. 근육은 운동을 주기적으로 시켜줘야 한다'고 서술한다. '안구 근력 운동'을 하면 안경은 벗게 된다고 한다. 평생 써온 안경을 저자는 안구 근력 운동을 하면서 극복해 안경으로부터 해방됐다고 한다. 주 내용 중 하나로 '명암 운동'을 권한다. 캄캄한 곳에서 눈을 뜨고, 다시 백열등에서 눈을 뜨고 쳐다보기를 반복한다. 똑같은 책을 가장 가까운 곳에서 한 페이지 보고 가장 먼 곳에서 한 페이지씩을 보는 훈련도 있다. 하루 5번 해보면 눈이 시원해진다. 흔히 우리가 아는 안구 운동도 빼놓지 않아야 한다. 좌우 전후 등을 반복하면서 눈을 응시하도록 하면 눈이 시원해진다. 이외에도 눈 주변을 마사지해주는 방법도 있다.

눈알이 있는 안쪽을 지그시 눌러주면 안구가 자극을 받는다. 눈 주변 혈액순환에 많은 도움이 된다. 눈 위 1센티, 눈 아래 1센티 정도를 꾹꾹 눌러주는 방법도 있다. 눈이 시원해지는 느낌이 있다. 안구 운동도 좌우 끝에서 끝으로 4회 내지 5회 반복한다.

이런저런 눈 운동 등 방법은 아주 다양하다. 눈이 침침해 독서가 어렵다 해도 쉽게 포기하지 말기 바란다. 극복하려는 노력을 얼마나 하느냐에 따라 저자 마츠자키처럼 시력을 회복해 안경을 벗어버릴 수 있다. 결론적으로 안구 건조는 몸에 물을 많이 제공하면 어느 정도 극복할 수 있다. 자기 체중 3.3프로의 물을 죽기 전날까지 마셔나가야 한다. 안구에 물이 없는 상태는 면하게 해야 한다는 것이다. '안구 근력 운동'도 열성적으로 매일 해나가야 한다. 이런저런 노력을 지속적으로 해나가다 보면 눈이 침침해 독서를 못 하는 상황은 줄어들 것으로 보인다.

– 허리 통증 –

1년에 한 번 전국 곳곳을 돌아다니면서 여러 사람이 모여서 하는 독서 이벤트가 있다. 3P자기경영연구소에서 하는 '단무지 행사'가 그것이다. 2박 3일 하는 이 행사의 이름 '단무지'는 '단순, 무식, 지속적으로' 모여서 독서하는 것이다. 2016년 강원도 강원랜드에서 했던 이 행사에서 엎드려 책을 본 참가자가 있다. 이 모 강사인데 허리가 아파 일어서지 못한 가운데 2박 3일 동안 독서를 해 참가자의 관심을 모은다. 그는 평생 아픈 허리 때문에 앉은 상태에서 독서가 불가능했다. 대신 엎드려서 하는 독서를 그는 이어나갔다. 가끔 이런 독서 행사에서 허리 때문에 독서가 불가능해 발을 동동 구르는 경우를 종종 만난다.

심하지 않은 경우 해줄 처방이 하나 있다. 띠로 다리를 묶고 골반을 바로잡은 상태로 만드는 것이다. 어린이들 태권도장에서 사용하는 띠 같은 것이면 된다. 이것으로 다리를 묶으면 골반이 잡아진다. 허리 통증은 대개 골반이 뒤틀리면서 생긴다. 골반을 제대로 잡아놓으면 대부분 허리 통증은 그 순간은 분명히 잡힌다. 꼭 태권도 띠가 아니어도 좋다. 수건이어도 상관없다. 다리를 묶고 있으면 골반이 잡히면서 허리 통증이 어느 정도 잡힌다. 허리 통증 양상은 사람 수만큼이나 다양해서 어떤 답을 내리기는 어렵다. 필자가 의사가 아니기 때문에 여기서 특별한 처방 같은 것을 이야기한다는 것이 어불성설이다. 필자의 경험 몇 가지만 나열할 뿐이다.

허리가 아파 독서가 이어지지 못하는 경우, 경험상 오래 앉아 있어서는 안 된다. 오래 앉아 있는 것 자체가 허리에 부담을 주는 것이기 때문이다. 책을 본 지 30분이 지나 알람이 울리면 벌떡 일어나서 걸어야 한다. 동작을 바꿔줘야 한다. 혈액 순환이 되지 않는 부분을 해소하기 위해서라도 앉아 있는 자세에서 벗어나야 한다는 것이다.

의자도 딱딱해서 구부리고 앉을 여지가 없는 것이 허리에 좋다고 한다. 요즘 비싼 의자들이 많이 나왔다. 여러 가지 기능을 가진 것이 많다. 의자 높이 조절하는 기능도 있다. 틸팅 기능도 자유자재로 되는 경우가 많다. 높낮이는 물론이고 전후좌우로 움직이는 기능도 있다. 고급 의자는 요추받이 조절 기능도 있다. 틸팅의 강도 조절도 된다. 심지어 좌판 기울기까지 조절이 된다. 손을 놓을 위치의 조정이 가능하다는 뜻이다. 앉은 자리가 전후로 조절도 된다. 팔걸이 조절이 가능하다. 목을 잡아주는 넥레스트도 조절이 된다. 고비용이지만 평생 앉아서 독서할 의자라면 조금 신경을 써서 사용해볼 만한 것 같다. 딸은 직업이 웹툰 작가다. 직업상 거의 앉아서 컴퓨터 작업을 한다. 전문직이어서 40만 원에 가까운 의자를 구입해 사용하고 있다. 비용은 부담되지만 전문 독서쟁이라면 고려해볼 만하다.

– 독서 기억상실증 –

독서법 강의를 시작할 때, 강의에 앞서 설문지를 돌린다. 본인 이름, 전화번호, 소속 등을 적게 하고 두 가지 질문을 적게한다. '이 강의 시간에 해결하고 싶은 한 가지가 있다면 뭔가? 최근에 읽은 책 이름은?' 등이다. 강의를 듣는 사람이 어떤 사람인가를 강사는 알아야 한다. 이들이 강사에게 뭘 원하는지를 아는 것도 당연히 필요하다. 독서법 강의인 만큼 어떤 종류의 책을 읽는 사람들이 강의를 들으려고 하는지 알고 들어가면 강의가 편하다. 속칭 수강자와 강의 전 하는 소통이라고 해석해도 된다. 수강생 수준을 알고 강의에 임한다는 점에서 좋은 강의 기법 중 하나다.

이때 가장 많이 나오는 질문 중 하나가 '책을 읽어도 기억이 나질 않는다, 책을 읽고 기억나는 법을 가르쳐달라, 책만 읽다 보면 정신이 다른 곳에 가 있어요.' 같은 종류의 질문들이다. 한 시간 정도밖에 없는 짧은 강의라면 바로 이들 문제를 해결하는 선에서 강의 내용을 채워나가는 것도 괜찮다. 일방적 강의를 하기보다는 수강자의 어려움을 함께하며 나름 대안을 제시해준다면 실속 있는 강의가 될 수 있다. 여기에 대한 답은 질문만큼 간단하지 않다. 사람마다 기억나는 정도가 다르다. 정신이 얼마만큼 다른 곳에 있는지도 상이하기 때문이다.

대부분 공통점은 책을 보면 잡생각이 나고 책 내용이 무슨 말인지 잘 모르겠다는 것이다. 내용을 모른다는 것은 그 책 내용에 대한 배경지식이 부족하다는 말로 해석할 수 있다. 일반적으로 속독은 눈알에 힘을 주고 한 단어, 한 단어를 빨리 마주치는 것이다. 잘 되면 두 단어로 확장시켜 나가는 식이다. 다음 단계는 한 문장이다. 두 문장, 열 문장 이런 식으로 늘려나가는 훈련을 하는 것이 속독 방법이다. 80년대, 90년대 속독 교육이 한창 유행한 적이 있다. 3분 만에 책 한 권을 다 넘기고 생각나는 점을 간추려보는 훈련이었던 것 같다. 덕분에 집중력은 향상된 것 같다는 느낌은 있었지만 그뿐이다. 지금 남는 것이 별로 없다. 그런 의미에서 속독은 별 효험이 없는 것으로 시간이 지나면서 나타난 것으로 보인다.

책을 본격적으로 보면서 책을 빨리 읽는 사람이 부러운 적이 있었다. 그때 강사가 배경지식이라는 키워드로 책을 빨리 보는 것을 설명했다. 그 말이 왠지 와닿지 않았다. 최근엔 이 말이 무슨 말인지 이해가 간다. 만약 자신이 접하는 책이 잘 아는 분야라면 당연히 한 단어, 한 단어의 적확성까지 보인다. 이럴 때는 책을 보고도 기억이 나질 않는다는 것은 의미 없는 이야기다. 독자가 잘 아는 분야라면 기억이 나질 않거나 가물거리며 딴생각을 하고 있을 확률이 낮다.

독서를 하는 경우 자신의 전문 분야가 아닐 가능성이 높다. 실무 관련 책을 보는 것은 업무이고 일이다. 일반적인 독서라고 일컫기가 그렇다. 자신이 모르는 책을 읽는 경우 잘 기억이 나질 않는 것 또는 금방 잠이 오는 것 등 현상을 어떻게 극복할 수 있을까? 물론 배경지식이 생길 때까지 책을 가려 읽지 말고 자신이 모르는 책은 더욱 열심히 읽어나가라고 권한다. 독서 모임에서 책을 선정하여 읽는데 자기와 상관없는 전혀 모르는 분야의 책이라면 드디어 내가 이 분야 책도 읽게 되구나 하면서 전투적으로 대할 필요가 있다. 이때 빨간 볼펜과 삼색지 등을 동원해서 보는 것도 권한다. 많은 사람들이 요즘도 책은 깨끗하게 봐야 하는 걸로 인식하고 조심스럽게 보는 경우가 많다. 성격 탓인 점도 있지만 책은 깨끗하게 보고 보관해야 한다는 생각 때문에 습관적으로 깨끗한 상태로 책을 본다.

필자 생각은 전혀 다르다. 책의 홍수 시대다. 미국에서는 하루 1000권의 신간이 나온다고 한다. 일 년이면 36만 5천 권이 신간으로 나오는 셈이다. 우리나라는 일 년 5만 권의 책이 나온다고 한다. 눈만 뜨고 나면 새 책이 쏟아진다는 것이다. 필자는 우리가 만나는 책을 한번 보고 나면 평생 다시 만날 일이 별로 없다. 이런 의미에서 한마디로 책은 소모품일 수 있다. 소모품인 종이에 쓰인 활자를 깨끗하게 볼 필요는 없다고 생각할 수도 있다. 다시 만나기 어려우니 빨간 볼펜과 삼색지를 가지고 험악하게 쓰고 보라는 것이다. 어차피 배우고 느끼고 적용하기 위해 책을 보는 것이니 도움이 된다면 여러 가지 방법을 활용해봐야 한다. 접기도 한다. 삼색지를 붙이기도 한다. 절대 잊지 않고 싶은 부분이 있다면 메모하면서 봐야 한다. 중요하다고 생각되는 부분도 놓칠 수는 없다.

빨간 볼펜으로 보라는 것은 만약 이 책을 두 번째 볼 때 검정색으로 이어서 본다면 자신이 이 책을 두 번 봤음을 확인할 수 있다. 또 책을 보다 말았다면 빨간색으로 그곳을 화살표를 표시해둔다. 그 페이지 하단을 접는다. 이런 원칙을 정했다면 그 지점에서 보다 말았구나를 쉽게 알 수 있다. 아무튼 이렇게 저자와 대화하며 줄을 긋고 메모하면서 책을 본다면 '책을 보면 기억나지 않는다'는 말은 줄어들 것 같다. 또 가물가물하고 딴생각으로 흐를 가능성도 낮아진다.

또 '기억나지 않는다, 금방 잊어버린다'는 현상을 막기 위해서는 책을 처음 대할 때 마음가짐을 달리해보는 것도 방법이다. 앞장에서 설명한대로 스스로 책을 대하면서 자신한테 동기부여를 분명히 하고 책을 접하면 물론 다른 잡생각은 줄어든다. 더 구체적으로 보자면 만약 자신이 이 책을 제대로 완독하게 되면 어떤 발전이 있을 것이라는 이미지 같은 것을 만들 수 있다면 이도 좋은 방법이다. 이 책 내용을 알게 되면 자신이 어떻게 변해 있을 것이라는 그림이 자신에게 새겨진다면 책을 읽으면서 많은 생각을 하게 된다. 물론 책 내용대로 성장해가는 그림이다. 이런 과정이 있으면 잡생각이 끼어들 틈이 줄어든다.

책을 처음 대하면 책 표지나 책 뒷면에는 저자가 강조하고 싶은 주제가 큰 글자로 적혀 있기 마련이다. 그 책 주제를 마음에 새기는 과정도 필요하다. 결론적으로 책을 보면 기억이 나지 않는다 라든가 생각이 다른 곳에 가 있어서 책이 보이지 않는다는 고민은 누구에게나 있는 것이다. 자신만 특별히 그런 것은 아니다.

누구나 그런 것이지만 이를 인정하면서도 조만간 극복하겠다는 노력이 필요하다. 부족한 배경지식에 대해 이를 쌓아 나가겠다는 의식이 있어야 한다. 책을 보고 생각나지 않고 잠이 오는 수준을 넘기려면 자신과 상관없는 책을 대할 때 어려워서 그만두겠다는 포기보다는 '이제 이런 세계를 접할 기회다'라고 반갑게 책을 대해야 한다. 책 내용이 어려워 자신과 거리가 먼 부분의 책이라면 처음 읽을 때 전체 내용 10%로만 이해하더라도 뒷날을 기약하면 된다. 배경지식이 쌓인 후 다시 보면 이해도가 50%, 60% 올라갈 것이고 언젠가는 100%로 이해하는 경지까지 갈 것이다.

책을 볼 때 깨끗하게 보기보다는 빨간 볼펜을 챙겨서 분해해 가며 읽으라는 것이다. 자신의 생각도 써보고 저자와 토론하면서 보면 기억나지 않을 일은 적어진다. 다음에 다시 재독하기에도 편하다. 마지막으로 이 책을 읽는 목적이 무엇인지 써본다. 이 책 읽은 후 변화된 자신의 이미지를 그림으로 그려본다. 주제와 키워드를 안고 독서에 임하면 기억이 나지 않거나 딴생각할 가능성은 낮아진다는 걸 유념하기 바란다.

• 안구건조 등 눈 때문에 독서가 어려운 경우 '안구 근력 운동' 등 다양한 방법을 구사해보면 어느 정도는 나아질 수 있다. 참조 서적 마츠자키 이시오 『굿바이 안경』, 밸멧 『물치료의 핵심이다』

- 허리가 아프다고 미리 독서를 포기해선 안 된다. 가벼운 허리 통증은 극복하고 독서를 해내겠다는 의지를 가지고 부단히 해결책을 찾는 노력을 해보길 바란다. 다리를 묶어 골반을 바르게 하면 경증 허리 통증 정도는 잡을 수 있고, 이러한 상태로 독서를 지속하면 오히려 허리가 나을 수도 있다.
- 책을 볼 때 깨끗하게 보지 말라. 저자 의견을 요약도 해보고 자신의 생각을 써나가라. 이 책에서 뭔가를 얻겠다는 구체적 목표를 가지고 독서에 임하라. 읽고 나면 자신이 어떻게 성장해나갈 것이라는 이미지도 마음에 새기고 읽어나가라. 생각나지 않고 잠이 오는 것이 줄어든다.

친구 몇 명을 독서 모임에 데리고 간적이 있다. 독서 모임에 오기 전 친구들과 나눈 말이 있다. "소개로 가는 것이니 네가 부끄럽지 않도록 한 권도 빠지지 말고 속속히 읽고 나오는 자세를 유지해달라 그렇게 할 수 있냐?" 이런 다짐을 받았다. 흔쾌히 "그러마."라고 약속했다. 당사자들은 기억하지 못할 수 있지만 분명히 짚어줬다. 대부분 매주 잘 읽어왔다. 그런 자신들에 대해 대단한 자부심을 갖고 주변 사람에게 독서를 권했다. 특히 아들딸들은 부친이 퇴직 후 매주 책 한 권씩 읽고 이야기하는 것에 대해 존경심을 나타냈다. "대단하시네요. 저희도 못 읽는 책을 매주 읽고 계시니 따라 해야 할 것 같습니다." 이런 반향들이었다. 독서 모임에서도 좋은 회원들이 들어왔다고 환영하는 분위기였다.

1년이 지나고 2년이 되면서 손자를 보고 그 손자를 돌봐야 한다든지 여러가지 사정이 돌발적으로 생겼다. 하필 토요일 손자를 돌봐야 해서 여건상 독서 모임을 등한히 할 수밖에 없었다. 그외 여러 가지 악재가 겹쳤다. "잠시 쉬어야겠다."는 말을 했을 때 별 대책이 없었다. 잠시 쉬고 나서면 좋겠지만 기약이 없다. 스스로 책을 읽겠다고 하니 더 할 말이 없다. 토요일 독서 모임을 같이 하거나 일요일 독서를 가르치는 입장에선 늘 있는 일이다.

잘 나오다가 혹은 잘 해나가다 어느 날 갑자기 그 회원 행방이 사라진다. 대개 그만 나오겠다는 식이다. 처음엔 무슨 일이 있어서 못 나온다. 다음엔 또 다른 일이 연이어 터지면서 못 나온다. 세 번째엔 정말 피치 못할 사연이 생긴다. 네 번째엔 나오는 것이 생소하고 안 나오는 것이 편해서 자연스레 빠진다. 정이 많이 들었는데 헤어지는 거니 마음이 아프다. 이런 부분에 마음을 쓰면 개인적으로 진행하고 있는 독서에도 지장이 있다. 안타깝지만 바로 잊어버리는 것이 평정심을 갖고 독서 감각을 유지하는 길이다. 감상적으로 '이 사람 저 사람이 오네, 안 오네.' 하고 신경 쓰면 책 읽기에 혼란스럽다. 어차피 자신들이 결정한 일인데 그걸 설득하는 건 별로 현명한 일이 아니다. 설득한다고 해서 독서 모임 참석 중지가 번복되긴 어렵다.

한 가지 예방책은 있다. 그만두기 전 평소에 단속을 잘 해놓는 것이다. 처음 독서 모임이나 독서를 배우는데 입회 내지는 입학할 때 8주 정도 시간을 두고 본다. 독서를 할 사람인지 아닌지를 시간을 놓고 점검해보는 기간을 갖는 것이다. 그 안에 그만두면 '그러려니' 생각하면 된다. 8주 점검 과정을 거치고 나서 본격적으로 독서를 가르친다. 주로 독서 근력을 키워주는 방향으로 교육을 시킨다. 가끔 진행하는 독서 캠프가 있다.

1박 2일 24시간 과정이다. 잠자지 않고 하는 일은 아니다. 물론 수면은 7시간 취한다. 30분 독서하고 쉰다. 피곤하면 충분한 휴식 시간도 준다. 이 시간 동안 책 3권 읽어내는 것이 목표다. 한 권 300여 페이지이니 3권이면 900페이지다. 이를 24

시간 동안 읽어나게 한다. 띄엄띄엄 읽는 것이 아니라 정독식으로 진행된다.

독서 자세를 잡아주는 것이 주목표다. 이 중 가장 먼저 하는 것이 '평생 독서 목표' 설정이다. 독서란 죽기 전날까지 하는 과정이다. 이런 의식을 분명히 심어준다. '평생 독서 목표'를 세워보라는 내용으로 첫 시간을 진행한다. 1박 2일 진행 첫 프로그램이다. 막연히 독서를 좋아서 하다가도 이 시간을 거치면 평생 독서의 뜻을 세운다. 독서 목표도 세우고 자세를 가다듬는다. 이 부분이 '심어져 있는가 없는가'는 그 사람 독서 인생에 대단히 중요하다. 그 사이 독서 교육 내지 모임 오는 것을 중도에 그만둔 몇몇 친구들에겐 이런 교육을 할 시간이 없었다. 도중 그만둔 회원 내지 학생들은 독서 캠프 참여도 몇 번 권유했으나 약속을 해놓고도 안타깝게도 참여하지 못했다. 평생 독서를 어떻게 해나갈 것이라는 자신과의 다짐이나 긴 플랜이 없어서 독서를 중단하는 경우가 많은 것이다.

'평생 독서 목표'에 관해서 특별한 생각이 없는 사람이라도 일반적으로 주위를 둘러보면 2주일에 책 한 권 볼 정도 사람들은 많다. 한 달 2권 꼴이다. 1년이면 25권 정도다. 선진국인 영국, 독일, 프랑스, 미국 사람들은 평균 일주일 2권에서 3권 정도 본다는 통계가 있다. 1년이면 100권에서 150권 정도 본다는 말이다. 거기에 비해선 우리나라 독서량은 턱없이 부족하다. 1년 25권 정도 읽는다 해도 꾸준히 읽는다면 독서 생활을 하고 있다고 생각한다. 특히 이 독서가 죽기 전날까지 이어지기만

한다면 훌륭하다. 이런 목표를 세우고도 1권, 2권 읽다가 바쁜 일이 생겨 슬그머니 그만두는 경우가 많다.

독하게 마음먹고 해도 회사 일이나 집안 잡일에 휩싸이다 보면 독서가 뒷전으로 밀리게 마련이다. 처음 이 글을 시작했을 때의 그 친구들처럼 말이다. 독서하겠다고 독하게 마음먹지만 그만둔 사람은 1년에도 많이 보았다. 매주 독서를 배우러 오거나 모임에 참석했던 사람이지만 그 얼굴이나 이름을 기억하기조차도 어렵다. 매주 같은 책을 열심히 읽어나가다가도 그만둘 경우 서로 관심이 엷어지면서 연락조차 힘들어진다. 그들이 그만두게 되는 데는 바쁜 생활도 문제지만 그사이 평생 독서 신념을 제대로 심어주지 못한 선배에게도 문제가 있다며 책망하게 된다. '평생 독서 목표'까지 분명했더라면 어떤 경우든 독서가 최우선 순위에서 밀리는 확률은 훨씬 떨어질 것이다.

누구든 독서를 해야 한다는 당위성엔 공감한다. '독서를 같이 하자' 하는데도 반대할 사람이 없다. 독서를 혼자하든 같이 하든 문제는 하다가 중도에 그만두는 일이다. 작심삼일은 인간의 본성 중 하나라는 말이 있다. 그만둘 수 있다. 이를 극복하는 대안 중 하나는 자신의 의지나 신념을 부단히 점검하고 확고히 하는 것이다. 평생 죽기 전날까지 독서는 이어져야 한다. 자기완성으로 가는 길에 독서는 중요한 도구 중 하나이기 때문이다. 평생 독서 신념을 확고히 해야 할 필요가 있다. 보다 구체적으로 '평생 독서 목표'가 분명하면 작심삼일 독서를 막는 데 크게 도움이 된다.

앞에서도 언급한 적이 있듯이 50년대 우리나라 모 부처 초대 장관이 퇴직하고 아주 건강하게 지내고 있다. 그 요인 중 하나가 사무실 벽에 5년 목표를 크게 액자에 넣어두고 살기 때문이라는 말을 한 적이 있다. '평생 독서 목표'뿐 아니다. 인생과 비즈니스에 목표가 없는 것도 문제다. 꿈과 목표가 없는 것은 정신적인 암에 걸렸다고 볼 수 있다. 육체적인 암도 무섭지만 정신적인 암은 더 무섭다. 목표가 없는 삶은 이미 죽은 삶이다. 우울증 걸리는 것은 당연하고 삶의 방향이 없어 헤매게 된다.

우리나라 자살율은 지난 12년간(2017년) OECD 기준 최고를 기록했다. 2013년 기준 인구 10만 명당 28.7명으로 리투아니아에 이어 불과 0.3차이로 2위를 기록했다고 한다. 중도 퇴학을 당하는 하버드 대학생 10명 중 9명이 한국 학생이라는 통계도 나와 있다. 여고 2학년이 수능 시험을 보다가 잘 못 봤다며 투신자살하는 경우도 있다. 초등학교 5학년 생이 중간고사를 못 봤다고 아파트에서 투신자살했다는 기사도 나온 적이 있다.

여러 가지 요인이 있다. 하버드 한국 중도 퇴학생들을 면담해본 결과 이들은 모두 중장기목표가 없었다고 한다. 하버드 대학의 합격까지만 목표였다. 그다음 목표가 없어 방황하고 결국 유학에 실패했다는 말이다. 미국 학생들은 '나 자신이 아닌 인류를 위해 뭔가 하겠다'는 분명한 입학 목적이 있기에 입학 후 방황하지 않고 학업에 정진한다. 수능 시험 못 봐서 자살한 아이는 인생 목표가 수능 시험 잘 보기였다. 초등학교 5학년 여학생 자살은 인생 목표가 중간고사 성적이었기 때문이다. 누가 초등학교 5학년 때 중간고사 성적을 기억하고 있겠는가? 이처럼 자살 하는 사람들 대부분은 명확한 삶의 목표가 없을 것이다. '평생 독서 목표'는 뒤로하고 '인생 목표'가 구체적이지 않아 생긴 일들은 주위에 얼마든지 많다. 자살한 유명 탤런트 모 양의 집안 상당수가 자살을 이어가고 있다. 만약 모 양이 '보다 많은 사람들에게 어느 방향에서든 봉사해야 할 목표가 분명했다'면 한갓 악성 댓글 때문에 자살하지는 않았을 것이다.

앞의 초등, 중등 자살학생은 그들의 목표가 눈앞 성적이었다. 아마 그 부모가 그걸 강요했거나 분위기를 조성했기 때문으로 해석할 수 있다. 만약 그 부모의 인생 목표가 '보다 많은 사람들에게 친절을 베풀고 봉사하며 인류를 위해 뭔가 조그만 일이라도 미력한 힘이나마, 일을 찾아 하겠다.'였다면 자식에게도 그런 분위기가 전달됐을 것이다. '평생 독서 목표'뿐만 아니라 인생 전체의 목표는 이처럼 사람 목숨을 구하는 일이다. 목적이나 목표가 분명하다면, 부모나 아이가 눈앞 성적에만 올인하지는 않을 것이다. 자식들은 부모가 하는 충고를 듣지 않는다. 매우 싫어한다. 따라 하기 즉, 모방은 잘한다.

부모가 할 수 있는 일이라고는 그들에게 본받는 행동을 해야 할 뿐이다. 부모가 분명한 '평생 독서 목표'를 자녀에게 공포한 뒤 독서를 이어간다면 자식들은 그 장면을 가슴에 새겨 넣을 수 있다. 언젠가는 따라 할 것이라고 믿는다. 이처럼 '평생 독서 목표'를 포함한 '인생 목표'를 제대로 하면서 사는 것은 노후 장수에도 긍정적인 영향을 미친다. 노후일수록 인생 목표를 분명히 해야 한다. 이는 자신과 후대에게 본보기 되기 위해서이기도 한다. 죽기 전날까지 독서 목표를 분명히 갖자. 슬그머니 독서를 그만둘 일이 방지된다. 목표를 갖고 사는 것은 노후 행복을 보장하는 요소 중 하나다. '평생 독서 목표'를 갖는 것은 행복의 보증수표를 갖는 것과 같다. 같이 독서하다 그만둔 많은 동료들이 다시 '평생 독서 목표'를 세우고 행복 열차에 동참하길 기대해본다.

> • 독서를 하겠다고 뜻을 굳게 세웠어도 중도 그만두게 된 데는 '평생 독서 목표'가 구체적으로 마음에 새겨져 있지 않기 때문이기도 하다. '죽기 전날까지 독서를 이어가겠다.'는 뜻이 있어야 한다. 일천 권 혹은 일만 권 책을 보겠다는 구체적 목표가 마음 안에 있어야 한다.

6. 독서 환경론

독서 효율을 높이기 위해 독서 전에 해야 할 일 중 하나가 독서 환경을 만들어놓는 일이다. 처음 독서 하루 30분 정도를 할 때는 이 말이 크게 와닿지 않을지 모른다. 이지성의 『독서 천재 홍 대리』1편, 2편을 보면 독서 초심자가 독서 전문가로 성장해가는 과정을 그리고 있다. 처음 멘토가 홍 대리에게 책 2권을 권한다. 다음엔 33권 그리고 100권 거기까지 좋다. 이 과정을 무사히 통과하면 일 년 365권에 도전하라고 한다. 이를 마치고 나니 1년 1000권이라는 과제가 앞에 놓인다. 필자 역시 이 부분을 읽고 도전해본 적이 있다. 이 작가는 '밥은 세 끼 먹으면서 왜 하루 책 3권은 보지 못하는가?'라고 자문하며 책을 읽었다고 한다.

이렇게 책 보는 훈련을 하는 사람은 중도에 책을 놓을 리가 없다. 평생 책과 함께하는 삶을 누리고 살 것이다. 이지성 작가는 『생각하는 인문학과 리딩으로 리드하라』라는 책을 통해 고전 독서의 힘을 강력히 주장한다. 고전 독서만 전문으로 하는 미국 세인트존스대학이 있고 이 학교가 대학 4년 내내 고전 100권만을 주 교재로 한다는 사실도 알았다. 실제로 한국인 학생들도 이 학교를 졸업한 인물이 있다. 조한별이라는 학생은 이곳을 졸업한 후 친절하게 세인트존스대에서 배운 과정을 설명한 책을 저술했다.

『세인트존스의 고전100권 공부법』이라는 책엔 세인트존스 대학의 읽고 토론하며 생각하는 공부에 대해 적혀 있다. 인문학에서 수학, 과학, 음악까지가 그 대상이다. 이때 보는 도서목록도 뒷면에 덧붙여져 있다. 이 책을 분명 '내 생애 한 번은 봐야 하는데'하며 고심한 적이 있다. 이 책은 '무엇을 배워야 하는가? 어떻게 배워야 하는가? 왜 배워야 하는가?'라는 질문을 독자에게 던진다. 추천사 말이 와닿는다. "지성인으로서 삶의 핵심은 질문하는 것과 생각하는 것 그리고 실천하는 것이 있다. 이를 위해서 읽고 토론하고 글을 쓰는 훈련이 선행되어야 한다. 이 모든 과정을 수행하는 특별한 대학 세인트존스를 소개한다. 이 대학은 4년 동안 100권이 넘는 고전을 읽고 토론한다." 이분은 세인트존스에 아들을 보낸 학부모 입장에서 일독을 권했다.

이지성 작가는 자신의 저서 『리딩으로 리드하라』에서 "이제는 진실을 깨달아야 한다. 당신이 학교에서 그렇게 오랫동안 배우고도 두뇌와 삶에 어떤 변화도 없었던 근본적인 이유를 알아야 한다. 당신의 자녀가 학교를 다니면 다닐수록 머리가 비상해지고 삶의 지혜가 쌓이는 게 아니라 두 눈의 총기를 잃고 지혜와는 거리가 먼 삶을 살게 되는 본질적인 이유를 알아야 한다"라며 인문 고전 독서의 중요성을 강조한다.

앞서 독서 환경론을 말하면서 조한별 작가의 세인트존스대를 소개했고, 이지성 작가의 『리딩으로 리드하라』라는 책을 언급했다. 이들이 그리는 삶은 독서 전문가로서의 삶이다. 특히

이지성 작가는 대한민국 독서계에 큰 영향을 끼친 베스트셀러 작가다. 본인 책 내용엔 자기계발서를 2,000여 권 읽고 매일 책 3권을 읽어나가는 독서 경륜을 토로한다. 이런 독서 전문가는 책을 읽기 전 어떤 환경을 만들어놓고 읽을까? 궁금하다.

필자 역시 독서 캠프를 진행하며 처음 '평생 독서 목표'를 정하도록 한다고 기술한 적이 있다. 이를 명확히 한 후 하는 말이 독서 환경론이다. 독서를 위해 이런저런 준비가 되어 있으면 '더욱 좋다'는 취지다. 자신의 공간 중 독서하는 자리를 정하여 마련해놓는 것이 가장 먼저 할 일이다. 어떤 일이든 그 일을 위해 전용 자리가 마련되어 있으면 마음이 안정된다. 거기에 앉아 있는 시간이 일정하다면 더욱 말할 것이 없다. 이 글을 쓰는데 쓰는 장소가 거의 일정하다. 왜? 자료가 있는 곳이기 때문이다. 이처럼 독서를 앞으로 죽기 전날까지 평생 해야 할 사람 같으면 자신의 독서 책상을 만들어놓고 항상 그 자리에서 읽겠다는 다짐을 해놓을 필요가 있다. 공간이 마땅치 않아 자신의 책상을 놓을 자리가 없다면 최소한 자기 식탁이라든가 어떤 장소를 정해놓고 거기서 하겠다는 결심을 정해놓으면 좋을 듯하다.

그 독서 책상 위엔 반드시 필요한 것이 있다. 우선 독서대가 그것이다. 책을 걸쳐놓고 보는 받침대를 말한다. 책 양쪽을 잡아주는 장치도 꼭 필요하다. 왼쪽은 고정시킨다. 오른쪽은 항상 다음 페이지를 잡아 놓는다. 얼른 넘겨야 하기 때문이다. 이 부분도 책 읽는 시간을 단축하는데 긴요하다. 책상 위엔 물컵

이 필요하다. 독서하고 나서 마셔야 하는 물을 미리 준비해놓자는 것이다. 필자는 스테인리스 물병 1.6리터짜리를 놓는다. 물을 이곳에 놓고 언제든 마신다. 소금 알갱이도 있다. 물을 많이 마셔 배가 아플 때 나트륨성분이 얇아져서다. 이때 약간 빨아먹는 것이 좋다. 안구건조증 예방에도 좋고 건강 등 포함해 다방면에 좋다. 또 가장 권하는 것은 무릎을 묶는 도구다. 무릎을 묶는 것은 골반을 잡아주는 일이기 때문에 중요하다. 책을 보다 허리가 상하는 경우가 많아 이 도구를 사용하기를 권한다. 찍찍이로 붙일 수 있는 띠도 있다. 인터넷에서 찾아보기 바란다. 아니면 어린이들 태권도장에서 쓰는 띠를 가지고 발을 묶으면 된다.

이뿐 아니다. 필기도구도 반드시 필요하다. 필자는 처음 보는 책은 빨간 볼펜으로 밑줄을 그으며 본다. 페이지 위엔 본 것. 아래엔 깨달은 것과 적용할 것을 적는다. 중간 밑줄 그은 곳에 필자 생각을 써넣기도 한다. 반박하고 싶은 말, 그때 느낀 감정들을 적어놓으면 다음에 보기가 좋다. 빨간색을 쓴 것은 재독할 때 색깔을 바꾸기 위해서다. 두 번째 읽을 땐 검정 볼펜을 사용한다. 만약 3독을 한다면 파란 볼펜으로 써나가면 책을 읽는 횟수도 알 수 있다.

휴대폰은 될 수 있는 대로 보이지 않는 곳에 놓는 것이 좋을 듯하다. 비행기 모드로 해놓는 것이 편리하다. 알람은 분명히 해놓아야 한다. 노후 독서는 1회 30분을 넘기면 곤란하다. 몸이 쉽게 굳기 때문이다. 30분 동안 책을 읽으면서 굳어진 몸을 그때그때 풀어가면서 운동을 하면 책을 읽을 때마다 더 건강해진다. 그래야 죽기 전날까지 책을 읽을 수 있다. 여기에 책을 읽으며 책에 덧붙일 삼색지 같은 것도 필요하다. 필자는 본.깨.적. 독서를 하면서 '본'에는 파란색, '깨'에는 노란색 그리고 '적'에는 빨간색을 붙인다. 파랑, 노랑, 빨강을 붙이고 나서 보면 책을 정성을 다해 읽고 난 결과물이라 여겨져 흐뭇하다. 이런 삼색지가 없으면 책 귀퉁이를 한 번 접거나 두 번 접는 형식으로 대신하면 된다.

독서 환경론은 장기간 독서 전문가로서 책을 읽기 위해서 독서 환경도 분명하게 해야 한다는 취지로 만든 생각이다. 책상 위엔 될 수 있으면 아무것도 놓지 않고 독서대와 물컵 그리고 필기구, 삼색지 정도만 놓는다. 언제든 앉으면 독서가 시작될 수 있는 환경을 조성해놓는다는 뜻이다. 독서할 준비가 되어 있는 환경을 가르친다. 어떤 독서 전문가는 책상을 작은 크기로 하되 바로 옆에 한 개 더 준비한다고 한다. 이유는 책을 보다 지루하면 분위기를 바꿔 옆 책상에 준비해둔 다른 책을 본다는 것이다. 독서로 쌓인 스트레스를 독서로 푼다는 식이다. 재미있는 발상이다. 아니면 옆 책상에선 글을 쓰는 방법도 있다. 한쪽에서 독서하고 옆에서 다른 책을 읽으면 전혀 다른 세상이라는 해석도 있다. 어찌 됐든 독서 전문가가 되기 위해서는 독서를 잘할 수 있는 자신만의 독서 환경을 조성해놓은 것도 필수 조건이다.

집에 들어서면 자신의 서재에 책이 꽂혀져 있고 책을 볼 책상이 깔끔하게 준비되어 있다면 책을 볼 마음이 들지 않겠는가 하는 생각이다. 여건이 되지 않는다면 특정 장소를 자신의 마음속에 책 볼 장소로 정해놓고 거기서 하면 그도 마찬가지가 아닐까 한다.

　이 책을 읽고 있는 독자는 현재 독서 전문가이거나 독서 전문가가 될 가능성이 높은 사람들이다. 독서 환경론이라는 생각을 분명히 하고 자신만의 독서 환경을 만들어놓을 것을 권한다.

> • 자신만의 독서 환경을 갖추자. 독서대, 물컵, 발 묶는 도구, 펜, 삼색지 등. 독서하는 곳을 조그만 책상 두 개로 나눠 글 쓰는 곳과 구분해도 좋다. 서로 다른 책을 놓고 읽어도 기분 전환이 된다.

4장

누구나 할 수 있다!
액티브 시니어 독서법

1. 사전 독서, 내가 고른 책 표지와 친해지다

무턱대고 1페이지부터 읽어나가는 습관 때문에 책 읽기가 어려워진다는 걸 앞에서 언급했다. '독서를 해야겠다.'는 의욕만 갖고 무조건 책에 들이대는 이런 자세는 책의 주제를 파악해야 하는 동시에 이 글이 무슨 의미를 지녔는지도 생각하기 어렵게 한다. 동시에 두 가지 이상을 생각하며 읽으니 헷갈리기도 하고 효율이 오르지 않는다. 책 읽기가 머리만 아파지는 원인이기도 한다.

본격 사전 독서를 제대로 하려면 '책 표지'에 모든 것이 들어 있다는 각오로 표지에 집중해야 한다. 책 표지는 광고만을 위한 것이 아니다. 저자는 책 제목과 표지에 자신이 하고 싶은 말을 단 한마디로 표현해놓는다. 그걸 놓치면 안 된다. 책 표지를 보며 '아, 이 책 주제는 무엇이구나'를 일단 판단해야 한다. 이 책도 노후에 독서를 하려면 건강을 돌보며, 리듬을 타면서 해나가, 책을 읽을수록 더 건강해지는 방법을 찾으라는 요지를 책 표지에 밝혔다. 독서를 할수록 몸이 축나는 것이 아니다. 더 건강해지는 독서법을 찾자는 것이 이 책의 요지다. 노후 독서 효율을 높이기 위해 다양한 독서 방법을 정리한 것도 이 책의 요지다. 같은 독서법이지만 노후 즉, 백 세 시대를 살아가는 사람을 위한 책이기도 하다. 세상 모든 사람이 어차피 백 세를 향해서 가기는 마찬가지이기 때문에 '건강한 독서법'은 모두의 관심사가 될 수밖에 없다.

책 뒷면에 있는 '추천사'를 보면 책이 갖는 의미나 목적 등이 자세히 기술되어 있다. 책을 읽으면 내게 어떤 도움이 될 것인지를 헤아려 볼 수 있는 대목이다. 책을 처음부터 끝까지 읽지 않고도 간결하게 이런 의미를 새길 수 있으니 이보다 독자를 편하게 하는 것은 없다. 책을 펴면 '저자 소개'가 나와 있다. 저자가 어떤 키워드를 가지고 이 책을 썼는지를 알게 하는 대목이다. 주된 키워드 3개에서 5개 정도를 쥐고 책을 읽어나가면 어느 부분이 주제와 가까운 부분인지를 쉽게 파악할 수 있다. 이 대목은 독서 속도를 늦추고 천천히 음미하면서 볼 필요가 있다.

기왕 독서 속도에 대한 이야기가 나왔으니 정리해보자. 책은 어떤 속도로 읽어야 할까? 필자 생각은 다양한 속도가 답이다. 주제와 관련된 부분은 천천히 읽고, 구체적인 사례나 여타 부분은 빨리 읽고 지나가도 된다고 생각한다. 속독 학원에서처럼 눈알을 굴리며 단어, 문장 순으로 빠르게 읽어나가는 것은 깊은 이해를 필요로 하는 독서에 별 도움이 되지 않는다. 독서는 저자의 말을 어떻게 이해하느냐가 중요하다. 단지 읽는 것은 초등학교 5학년생 정도 수준의 읽기다. 문맹을 면하는 정도다. 단순 문맹 독서를 너머서 깨닫고 적용하는 독서를 하겠다고 생각한다면 속도는 다양할수록 좋다. 중요한 부분은 찬찬히 보고 주제에 벗어난 말은 대충 넘기는 것이 좋다고 생각한다.

여기서 보는 것 중 '내가본'과 '저자본' 차이를 잠깐 생각해 봐야 한다. 책을 보는 사람 중 책을 보면서 자신이 보고 싶은 부분만 확인해서 보는 경우가 많다.

로마시대 카이샤르시저는 자신의 책 『갈리아 전쟁기』에서 '인간은 보고 싶은 부분만 보고 듣고 싶은 부분만 듣는다'는 말로 시작한다. 이 말을 시오나 나나미는 『로마인 이야기』 1장 첫 부분에서 인용한다.

율리우스 카이사르가 이 말을 한 것은 자신이 『갈리아 전쟁기』를 쓰고 있지만 카이사르 자신이 보고 싶고 듣고 싶은 것만 쓴 것이니 이 점을 참고하고 읽으라는 의미일 것 같다. "자신이 쓴 것이 전부다."라고 말하는 사람이 대부분이지만 카이사르는 그조차도 초월했다. 겸허하게 자신의 관점에서 쓴 것이라고 미리 전제를 깔아놓은 것이다. 이 점에서조차 카이사르는 범인을 뛰어넘는 사람임을 인정할 만하다. 이렇게 인간에 대해 잘 알고 성찰했다는 점도 대단하다. 독일어로 '카이저'나 러시아어 '차르'는 모두 카이사르를 자기 식대로 발음한 것이다. 독일과 러시아 황제는 자신의 정통성을 로마카이사르에게서 찾았다는 뜻이다. 카이사르가 유럽 역사에 얼마나 훌륭한 인물인지를 가리키는 대목이다.

우리는 책을 읽을 때 이 범주를 크게 벗어나지 못한다. 자기가 보고 싶은 부분만을 열심히 보고 있을 수 있다. 영감님이 책을 열심히 보긴 하는데 갈수록 고집만 세진다면 이는 영감이 자기가 보고 싶은 부분만 봐서일 수 있다. 자기 신념을 더욱 굳건히 할 요소들만 찾아내서 확인하는 독서를 한다면 안 하는 것만 못하다. 이런 경우는 너무 흔하다. 만약 책의 주제를 찾고 거기에 맞는 근거를 저자가 어떻게 대고 있는지를 찾는다면 고집 센 영감 독서법에서는 벗어날 수 있다.

'저자 소개'까지 봤다면 '프롤로그'를 찬찬히 봐야 한다. 프롤로그엔 이 책을 왜 쓰게 됐는지부터 나온다. 세상에 대해 저자가 하는 질문이 먼저 나오기 마련이다. 필자는 이 책을 쓰면서 독서를 하면서 건강이 무너지는데, 독서를 하면 할수록 더 건강해질 수는 없는가? 더 깊은 독서를 하면서 정신 건강이 더 좋아지는 독서법은 없을까? 이런 질문에서부터 이 책을 쓰고 있다. 프롤로그에서는 이런 질문이 나오는데 이를 잘 잡아내야 한다. 프롤로그엔 이 책에서 저자가 주장하고 싶은 것도 나오고 대략 책의 주된 줄거리도 기술한다. 한마디로 프롤로그는 그 책에 관한 응축된 내용이 모여 있는 곳이라고 할 수 있다. 책의 마지막에 있는 '에필로그'도 마찬가지다. 프롤로그 주제를 다시 확인해주는 것이 에필로그다. 저자가 만약 프롤로그에서 한 말 중 부족한 부분을 에필로그에 추가할 수도 있다. 프롤로그와 에필로그에서 책 핵심을 전부 파악해야 할 이유다.

다음으로 주목해야 할 곳은 '목차'다. 목차는 책의 골격이다.

집으로 치자면 기둥뿌리나 다름없다. 기둥뿌리들을 보면 책의 구조를 짐작할 수 있다. 목차 제목을 하나하나 새겨보면 어떤 내용이 있겠구나를 짐작할 수 있다. 가끔 필자는 독서를 배우는 학생들에게 소제목들을 모두 필사해볼 것을 권한다. 중간 제목들을 한번 베껴보면 '아, 이 책은 이런 구조로 되어 있구나.'를 느낄 수 있기 때문이다. 제목 중 주제와 가장 가까운 부분은 접어놓을 필요가 있다. 이 부분에선 책을 좀 천천히 봐야 할 필요가 있기 때문이다. 또 이 제목들을 모아서 세 문장 정도로 요약해보는 것도 방법이다. 이런 연결 문장을 책 앞표지 다음 장 정도에 써보는 것도 대단히 권할 만한 방법이다. 이 책 소유임을 알리는 이름과 전화번호도 중요하다. 이런 요약을 몇 문장으로 써놓으면 보다 확실하게 소유자라는 것을 밝힐 수 있다.

이런 과정이 끝나면 필자는 책을 한 페이지 당 1초에서 2초 동안 할애해서 넘겨보라고 권한다. 한 페이지당 소요되는 시간은 2초 정도면 된다. 그저 무슨 내용이 적혀 있나를 대충 훑어보라는 뜻이다. 이렇게 끝까지 넘겨보면 책이 친숙하게 느껴진다. 내 것 같다는 생각도 든다. 만약 책을 넘기는 동안 사진이나 그림이 삽입되어 있다면 눈길을 멈추고 찬찬히 볼 필요가 있다. 저자 입장에서 그림이나 사진을 매우 신중하게 생각해 넣었을 것이기 때문이다. 글로만 표현해도 될 내용을 그림이나 사진을 통해 표현하는 것이 더 중요하기 때문이다. 독자는 이를 찬찬히 봄으로써 저자의 의도를 보다 빨리 느낄 수 있을 것으로 보인다.

이런 과정을 통해 이 책은 어떤 부류의 책인가를 확인한다.

주제는 뭐다. 저자는 어떤 사람이다. 책의 구성을 통해 저자가 주장하는 근거를 확인할 수 있다. 근거까지 본다면 이에 대해 판단해본다. 내 생각과 합치하는지 아닌지를 생각해본다. 마지막으로 이 책을 읽는 것이 내게 무슨 의미가 있는지를 생각해본다. 내게 이 책이 어떤 도움이 될지를 그려보라는 말이다.

앞서 말한대로 책을 읽는 목적은 주로 '무엇'을 얻느냐에 달려 있다. 읽고 나면 내게 무슨 도움이 될 것이고, 내게 어떤 변화가 있을 것이다. 이런 이미지를 그려보는 것이다. 이렇게 되면 책을 보면서 졸립거나 무슨 내용인지 모르겠다거나 하는 부분은 해소될 것으로 보인다. 특히 책을 읽는 환경이 초가삼간에 호롱불에서 본다거나 누워서 책을 읽는다면 몇 페이지 보다가 잠이 와서 그만 책을 덮을 것이다는 가정도 틀릴 수 있다.

"책만 펴면 잠이 와요. 도대체 무슨 말인지 모르겠어요. 책이 수면제 같아요." 하는 사람들은 책을 읽는 목적이 불분명한 사람이다. 자신이 어떤 질문을 가지고 이 책을 보고 있는지를 돌아봐야 한다. 저자의 질문과 자신의 질문이 합치한다면 그때부터 독서는 외부 환경이 어떻게 된다 해도 별 상관이 없어진다. 그 질문에 대한 답이 어떻게 진행되는지만 쳐다보면 된다. 한마디로 저자와 토론 내지 대화를 하면서 책을 보는 것이다. 저자와 논쟁을 벌리면서 책을 본다면 더욱 책 읽는 재미라든가 책에 대한 집중도는 높아진다.

정리해보자. 책을 보면 제목에서 주제를 추정해본다. 뒤표지에서 책을 읽는 의미를 되새겨본다. 이 책을 보면 내게 어떤 영향을 미칠지도 대충 알 수 있다. 저자 이력을 보면 이 책 '키워드가 무엇인가'가 짐작이 된다. 프롤로그엔 저자가 친절하게 '이 책은 어떤 질문에서 시작됐다, 내 주장은 무엇이다.'를 가르쳐준다. '이 책 구성은 어떻게 됐다, 이런 점을 유의해서 봐라.' 이런 이야기가 나온다. 부족한 부분은 에필로그에서 덧붙여준다. 목차를 읽으면서 책 뼈대를 추슬러 보고 요약해본다. 이를 책 앞면에 써서 책 내용을 추측해보고 자신의 소유를 밝혀준다.

책을 한 장당 2초, 3초 정도 할애해서 넘겨본다. 이 과정에서 책과 친숙해진다. 사진이나 그림은 더 유의해서 본다. 주제와 관련된 부분은 페이지 접기를 해놓는다. 그 부분은 더 천천히 읽어야 할 부분이다. 책을 읽는 목적을 새겨본다. 책을 읽으면 스스로 어떻게 변할지도 생각해본다. 이런 자세가 책 읽으면서 졸리는 현상을 극복하게 해준다. 저자와 부단히 대화하고 논쟁하면서 책 읽기에 임한다면 독서의 반은 확실히 성공한 셈이다. 노후 독서에서 유의할 점은 자기가 보고 싶은 부분만 보면서 자기 고집을 높여가는 현상이다. 저자가 주장하는 주제에 맞춰 책을 보려고 노력해야 한다. 자기가 좋아하는 이야기가 나오면 내가 좋아하는 부분이구나라고 인정할 줄 알면 이런 병폐에서 벗어날 수 있다.

> • 내가 보고 싶은 부분만 보는 '내가본'은 안된다. 저자가 주장하는 주제와 구성 그리고 논지를 알고 책을 보는 사전 독서를 충실히 하자.

2. 본격 독서,
   어떤 책을 골라야 할까?

　나이 들어 한 주, 한 권 이상 이어서 보는 독서다운 독서를 시작한다면 어떤 책부터 읽어야 하나? 이런 질문을 가끔 강의 중 받는다. 세상엔 많은 책들이 있다. 한국에서도 어찌 됐든 일 년 만 권 정도 신간이 나오는 것으로 알고 있다. 어떤 책을 선택해 읽는가는 독서가 모두의 고민거리다.

　처음 본격 독서를 시작하는 경우 자기가 좋아하는 책이어야 한다. 독서가 생활 속에 자리 잡아 습관이 되어야 하는데 자신이 좋아하는 책이 아니면 완독을 장담할 수가 없다. 책을 사놓고 완독하지 못하는 것이 습관이 되면 어떤 책이든 잠깐 넘겨보다가 다른 책으로 옮겨가는 잘못된 독서 버릇이 생긴다. 이런 이유로 처음엔 자신이 좋아하는 책을 보라는 말 밖에 할 수 없다.

　자신이 좋아하는 책을 다 보고 그 다음 추천 책을 필자에게 묻는다면 건강 관련 책을 권하고 싶다. 노후에 건강 이상 중요한 것은 없기 때문이다. 대부분 건강은 스스로 잘 알고 있다고 생각하면서 이에 대한 독서는 게을리하기 쉽다. 우선순위에서 뒤로 밀리기도 한다. 경험상 건강에 관해서 결론은 엇비슷할 수 있다. '동서고금 최고의 양생술은 소식이다. 적게 먹어라. 위의 70프로 내지 80프로만 채워라. 물을 많이 마셔라. 좋은 음식을 먹어야 한다. 과일을 많이 먹어라. 채소 위주의 채식을 선호하라. 좋은 소화, 좋은 배변, 깊은 수면, 잘 쉬어주기, 유연성 운동, 지구력 운동, 근력 운동, 좋은 호흡, 스트레스 줄이기, 플러스 사고.' 등등.

똑같은 말이라도 내과 의사, 외과 의사, 정신과 의사, 정형외과 의사, 한의사 등 건강에 관한 다양한 시각이 존재할 수 있다. 이들이 각자의 자리에서 쓴 건강 설명 책들이 많이 있다. 서 있는 입장에 따라 표현하는 건강 관련 키워드도 다르고 해석도 다르다. 이런 것들을 부단히 읽다 보면 또 다른 건강 이론을 접하게 된다. 점점 깊이가 더해진다고 할 수 있다. 다른 책에 묻혀 잠시 잊었던 건강에 대한 생각을 바로잡을 기회가 되기도 한다. 다음 책을 쓴다면 '노후 독서가가 본 건강 독서편'이라고 명명하고 싶다.

다음으로 중요한 것은 동기부여를 하는 자기계발서다. 노년에 무슨 점잖지 못하게 자기계발서냐고 반문할 수 있다. 노년의 가장 큰 특징은 '변하고 싶지 않다'다. 그냥 익숙한 대로 살겠다는 입장을 흔히 볼 수 있다. 필자는 노년도 젊은 시절과 똑같이 꿈을 가지고 목표를 세워서 살아야 한다고 생각한다. 노인이든 젊은이든 꿈이 없고 목표가 없다면 사는 의미와 가치가 사라진다. 이런 삶은 무기력 그 자체일 수밖에 없다. 어떤 꿈이나 목표를 세워 놓고도 '힘도 없고 체력도 없는데 어떻게 하냐'라는 말이 나올 수 있다. 노년의 꿈이나 목표는 돈 버는 일이 아니어도 좋다. 최소한 주변 사람들을 위해 기도는 해줄 수 있다. 동네 청소 정도는 할 수 있다. 이런 의미 있는 꿈과 목표는 노인이든 젊은이든 구체적으로 가져야 한다. 한마디도 부단히 내용을 채워가며 향상해야 한다.

서울대 배철현 박사가 쓴 『신의 위대한 질문』이라는 책에는 기원전 셈족에 관한 이야기가 나온다. 이들은 유대교도가 아니다. 예수 이전 사람들이다. 이들 종교관은 사람이 죽고 나서 심판을 받는다. 그 기준이 특이해서 볼 만하다. 셈족은 저승에 가서 이런 기준으로 심판을 받는다. '신이 그 사람에게 준 사명이 있다. 이를 찾지 못하거나 이를 실천하는데 얼마나 최선을 다했는지 못 했는지'에 죄 여부가 달린다. 강도, 강간, 절도 등 '죄를 지었느냐' 아니냐가 아니었다. 신은 사람한테 지상에 내보낼 때 자신의 역할을 하나씩 주었다는 전제가 있다. 사람은 최선을 다해서 이 사명을 찾아야 한다. 찾은 다음 이를 실현하기 위해 사는 순간까지 열심히 노력해야 한다. 만약 찾지 못하는 경우 신 앞에선 그 셈족은 죄인이다. 최선을 다해 살지 않은 경우도 죄인이다.

종교에서 말하는 도둑질, 살인 등으로 죄가 있느냐 없느냐 등 형사적 심판을 하는 것이 아니다. 도둑질이나 살인이 죄가 되지 않다는 것은 아니다. 그에 앞서 이런 사명발견 실천이 신의 큰 관심사였다는 것이다.

노예가 있다면 주인은 노예에게 원하는 바가 있을 것이다. 노예가 주인이 원하는 바를 모른다거나 알아도 그 실천을 소홀히 한다면 실망스러울 것은 당연하다. 이런 시각으로 생각해보면 사명을 알고 실천하는 문제는 인생에서 큰 문제다.

지금까지 말한 꿈과 목표 사명 그리고 이를 실천하기 위한 시간 관리 등 문제를 다룬 것이 자기계발서다. 어떤 의미에서 세상에 나와 있는 모든 책은 자기계발서다.

성경조차도 자신이 읽고 적용해서 실천해 변화하고 성장하는 책으로 여긴다면 자기계발서임엔 틀림없다.

자기계발서에도 분명 급이 있다. 세계 최정상의 동기부여가들이 쓴 자기계발서는 어떤 고전에 비교해도 뒤떨어질 것이 없는 훌륭한 말들이 많다. 『사람은 무엇으로 성장하는가』의 존 맥스웰, 교세라 회장 이나모리 가즈오 회장의 『왜 일하는가』 등은 언제 봐도 감동을 주는 책들이다. 노년이라 해도 이런 사람들이 쓴 자기계발서를 열심히 읽어 남은 인생을 어떻게 살아야 하는지를 부단히 업데이트(향상)시켜야 한다고 믿는다.

건강 관련 책, 자기계발에 관한 책에 이어 필자가 주목하는 것은 고전이다. 필자는 세인트존스대학에서 공부하는 고전 100권을 주로 보려 노력하고 있다. 대부분 서양 고전의 대표적인 작품들이다. 여기에 이지성 작가가 쓴 『리딩으로 리드하라』 말미에 있는 고전 책들을 주목한다. 거기엔 동양 고전, 서양 고전, 한국 고전 책의 제목이 아주 자세하게 쓰여 있다. 출판사명까지 친절하게 적혀 있어 책 고르는 데 고민할 필요를 덜어준다.

고전이란 2천 년 동안 인류에게 남겨진 책들 중 많은 경쟁 끝에 살아남은 책들이다. 그만큼 사람들에게 재미를 주고 의미가 깊으면서 가치가 있는 책이다. 감동이 있다. 고전을 같이 읽는 학생들은 고전을 가지고 다니는 것조차도 주변에 큰 부러움을 얻기도 한다. 필자는 서양 고전 100권, 동양 고전 100권, 한국 고전 100권 정도를 5년 정도 기간 안에 일독하겠다는 목표를 가지고 매주 300페이지씩 읽고 있다. 지난 9월 11일 일 년을 맞아 나름 조촐한 기념식을 하기도 했다.

매주 화요일, 고전 책으로 수업을 진행한다. 이를 스스로 독서 이력의 중요한 지표로 삼고 있다. 이 책을 1독하고 2독하면서 나머지 인생을 후손들에게 이 책 내용을 전하겠다는 것을 사명으로 삼고 있다. 쉽지 않은 일이다. 느낀 점은 '역시 깊이가 있다. 재미있다. 접근하기가 어렵다. 난해한 부분이 많다.' 등이다. 난해하고 어렵지만 다음 책을 읽고 그다음 책을 읽다 보면 예전 책에서 이해하지 못하는 부분들을 이해하는 경우도 많다. 배경지식이 많아진 덕분이라고 본다.

재테크에 관련된 책도 등한시 할 수 없다. 노년이라고 해도 투자는 중요하다. '알고 하면 투자이고 모르고 하면 투기'라는 말이 있다. 부동산이든 주식이든 본인이 알고 하면 좋은 투자가 되어 그만큼의 재산을 안겨준다. 아무 생각이 없다가 주변 사람 권유하는 투자에 휘둘려 재산을 잃어버리는 경우가 종종 있다. 나이 들어도 재테크에는 항상 눈과 귀를 열어놓고 부단히 공부해야 한다. 현재 있는 자신의 재산이라도 지키는 힘이 될 것으로 보인다. 투자에 임하는 마음가짐이나 투자자의 자세 등도 부단히 업데이트(향상)시켜야 할 것들로 보인다.

노후에 시간을 보내는 힐링 독서도 빠질 수 없다. 일단은 독서가 자리 잡기까지 본인이 좋아하는 책을 충분히 보면서 독서 습관을 잡아 나가야 한다는 점도 지적했다. 힐링 독서와 비힐링 독서 비중을 3 대 7 정도 했으면 한다. 자신을 성장시키고 성숙하게 하는 목적을 가진 독서에 주력하라는 뜻이다. 이처럼 변화하겠다는 의도를 가진 목적도서가 자신을 부단히 정신적으로 성장, 성숙시킨다.

책을 많이 본다는 것은 자신이 얼마나 모르고 있는 것이 많은지를 확인하는 과정이다. 처음 어느 부분에 대해 한두 권의 책을 읽어나갈 때 뭔가 많이 아는 듯 느껴지지만 그 느낌만큼 동시에 더 많이 알아야 하는 자신의 부족한 부분을 확인하기도 한다. 이 때문에 다음 책을 이어보게 된다. 거기서 부족한 점을 더 많이 보게 되는 것이 독서의 과정이다.

아인슈타인이 말하는 지식의 원이 있다. 독서나 공부를 하다 보면 점점 더 공부할 것이 얼마나 부족한지를 실감한다는 뜻이다. 독서를 하면 할수록 '세상이 크고 넓다. 자신은 모르는 것이 너무 많다.'는 것을 확인하게 된다. 말수가 적어지고 조심하게 된다. 세상에 대한 외경심도 점차 생긴다. 세상 인물들에 대한 존경심도 새삼 확인하게 된다.

- 건강에 관한 책, 자기계발서, 고전 독서, 재테크 등 다양한 독서를 권한다.

3. 본다. 깨닫는다. 적용한다.
'본. 깨. 적' 독서법

'본깨적 독서법'을 만난 것은 2014년 정도였던 것 같다. 『본깨적』이라는 독서법 책 저자인 박상배 작가가 광주에 와서 저자 특강을 했다. 그때 본 책이 『본깨적』이었다. 박 작가는 답답했던지 독서 강의를 통해 한 달 상당수 수입을 내고 있다고 '열심히 독서'하라고 자극을 줬다. 깜짝 놀랐다. 통장 사본까지 보여주는데 할 말이 없었다. 매일 책 한 권을 읽는다고 자랑했다. 그날도 오는 버스에서 『데카메론』을 한 권 읽었다는 말을 하는데 믿어지지 않았다. 필자는 그 당시 매주 책 한 권을 간신히 읽었다. 하루에 책 한 권을 읽는다는 건 도저히 말이 안 되는 이야기였다. 어제 헬렌과 스코트 니어링이 버몬트 숲 속에서 산 스무 해의 기록 『조화로운 삶』이라는 책을 보고 오늘 아침 독서 지도를 했다. 2000년도 류시화 씨가 번역한 책이다. 221페이지지만 글자가 적었다. 글밥도 제법 있었다. 일반적으로 300페이지 정도 책인 셈이다. 3시간여 만에 완독했다.

독서 지도를 해야 할 책이니 건성으로 읽을 수는 없다. 분석하며 읽는 독서였다. 200분 정도가 걸렸던 것 같다. 3시간여정도다. 스트레이트로 읽은 건 아니다. 금요일 저녁 1시간 정도 봤다. 토요일 아침 1시간, 저녁 1시간 독서량이었다. 토요일 대구에 일이 있어 아침 8시 집을 나섰다. 수영장에 들러 수영하고 9시 40분경 출발해 1시부터 4시까지 미팅을 마치고 들을 강의가 있었다. 4시부터 6시 30분까지 강의를 들었다. 이후 8시까지 질문 답변식 수업을 마치고 8시경 대구에서 출발하니 11시경 다시 책상 앞에 간신히 앉을 수 있었다. 일요일 아침 독서 강의이니 마저 읽고 정리하는 시간이다.

이 책 내용 중 건강 이야기, 과일식, 채식주의 등은 필자가 몇 권의 책을 읽고 실천 중이다. 쉽게 눈에 들어왔다. 자본주의적 삶에 대한 문명 비판도 낯설지 않다. 이런 배경지식 때문에 책이 술술 넘어간 것 같다. 지금 읽기 수준 같으면 하루 3권도 어렵지 않다. 물론 독서 중 다른 일을 하는 건 어려울 것 같다. 철저히 '건강 우선 리듬 독서법'에 따라 30분 읽고 10분 쉬는 리듬을 잊지 않았다. 피곤한 줄은 모르고 읽었다. 읽고 나서 더 건강해져야 제대로 된 독서를 한 것이다.

혼자 독서를 하는 것과 독서 지도를 하는 것은 조금 다르다. 비용을 받고 하는 독서 지도라면 좀 더 긴장하며 책을 읽기 마련이다. 다음 날 유료 독서 지도를 해야 하는 입장이니 눈을 부릅뜨고 봐야 한다. 여기에 반드시 수반되는 것이 본깨적 독서법이다. 본깨적이란 한 마디로 '제대로 본다. 깨닫는다. 적용한다.'의 약자다. 보되 '내가본'이 아니라 철저히 '저자 사고틀로 본다'라는 점에서 '제대로 본다'다. 이 본깨적 독서법은 다산 정약용의 초서 독서법과도 일치한다.

본깨적을 더 구체적으로 보자면 9가지로 나눌 수 있다. 본 3개, 깨 3개, 적 3개다. '본 3개'란 주제와 키워드 그리고 인상적인 부분을 생각해보는 것이다. '깨 3개'란 동기부여 된 부분,

롤모델 찾기, 새로 안 것 등을 찾아보는 작업을 가르친다. '적 3개'란 개선점, 아이디어, 적용할 점이다. 독서를 하는 동안 이 9가지 관점을 가지고 책을 분석해나가는 것이다. 정신을 바짝 차리지 않으면 가능하지 않다. 이론을 습득하는 데도 시간이 걸린다. 훈련을 많이 해봐야 몸에 밴다. 독서법 기본 교육 8시간(당시 비용 30만 원)을 받으며 이 독서법을 처음 들었을 땐 금방 할 수 있다고 생각했다. 하지만 막상 적용하려니 쉽지 않았다.

이후 '독서 리더 과정'이라는 교육을 받았다. 4개월에 걸쳐 교육과정을 통해 독서 훈련을 한다. 2015년 독서리더 8기로 공부를 했다. 12권 정도 기본 도서를 본깨적 방식으로 읽었다. 이 과정에서 관련 책을 분석하고 소정 양식으로 만들어 제출했다. 처음 교육에 들어가면서 1박 2일 교육을 받았다. 담당 코치로부터 5회 이상 그룹 코칭을 받았다. 집으로 돌아와 독서 모임을 만들어보는 훈련도 했다. 비용이 당시 250만 원 정도였으니 만만치 않았다. 이런 고된 과정이었지만 하겠다는 교육생은 많았다. 당시 40여 명이었던 것으로 기억된다. 일 년 4회 내지 5회 하지만 항상 만석이었다. 이때 과제로 제출하는 것 중 하나가 '본깨적 노트'다. 책을 본 후 본깨적 9가지를 가려내는 작업을 하는 것이다.

앞에서 언급한 대로 '본'은 책의 주제에 해당하는 부분, 키워드를 설명하는 부분, 저자가 인상적으로 기술한 부분을 가려내는 작업이다. '깨'는 책을 읽고 힘을 얻는, 동기부여가 되는 부분, 책 속 롤모델로 정하고 싶은 인물을 찾아내는 것, 새롭게 아는 부분 또는 잘못 알았던 부분을 추스린다. 마지막 '적'은 내 일에 개선할 부분이 책에 나와 있는지 또는 아이디어로 써먹을 수 있는 곳이 어딘지 본다. 생활에 바로 적용할 부분은 어디인지를 분석적으로 읽어낸다. 처음엔 다소 혼란스럽지만 몇 번 하다 보면 금방 익숙해진다.

책을 읽는 과정에서 주의할 점은 '본'은 철저히 저자의 본이고, '깨'는 온전히 내 깨달음이라는 시각적 차이를 구분해내야 한다. 저자가 주장하는 바, 즉 주제 그리고 저자의 말인 키워드를 찾는 것이 중요하다. 저자가 인상적으로 쓴 것을 찾는 것이 진정한 '본독서'다. 독서 중 내가 이 부분을 보고 철저히 기운을 받았다고 느껴지는 부분 즉 동기부여에 해당하는 곳이 있기 마련이다. 특히 자기계발서엔 이런 부분이 많다. 책 속 인물 중 인생의 좌표가 되어주었으면 하는 사람을 찾았다면 롤모델을 제대로 찾은 것이다. 독서하다 새롭게 알게 된 것은 얼마든지 나온다. 그동안 잘못 알았던 부분도 적지 않게 나온다. 이런 것이 '깨독서'다. 책을 읽으며 삶을 개선시켜 나가겠다든지 '참 좋은 아이디어다'라고 느끼는 부분이 있다면 철저히 삶에 적용해야 한다. 이런 것이 '적독서'다.

독서를 하면서 잘 기억나지 않는다고 한다. 또 잠이 와서 문제라는 푸념도 늘 듣는다. 독서 과정이 본깨적을 가려내는 과정이라면 이런 문제는 많이 해소된다. 필자는 매주 화요일마다 도서관에서 '고전 독서'를 지도하고 있다. 여기 회원 중 고교에서 역사를 가르치는 김 모 교사가 있다. 김 선생은 사마천『사기 열전』을 보면서 좀 체로 본깨적을 가려내기가 어렵다고 푸념을 했다. 자기계발서 책은 본깨적 독서가 비교적 쉽다. 얼마든지 가려내기가 가능하다. 처음엔 생소해서 쉽지 않다. 이런 이유로 앞서 말한 독서 리더 교육 과정에서는 본 20개, 깨 20개, 적 20개를 만들어보라는 훈련을 한다. '본'에는 파란색 인덱스를 붙인다. '깨'에는 노란색, '적'에는 빨간색 인덱스를 붙일 것을 요구한다. 그 인덱스를 붙여놓고 거기 돌출부분에 키워드를 적는다.

인덱스를 다 붙여놓고 나면 책이 파란색, 노란색, 빨간색으로 울긋불긋하다. 책을 매우 열심히 읽는 대가인 것 같아 흐뭇하기까지 하다. 재독을 하는 경우 특히 편리하다. 인덱스를 붙인 부분을 중심으로 다시 읽어나가면 중요 내용을 빠뜨릴 일이 적고 재독을 알차게 할 수 있다.

노후에 하는 독서는 느슨할 수밖에 없다. 힐링 독서엔 특히 그렇다. 본깨적 독서 훈련이 되면 어떤 책이든 예외일 수 없다. 제대로 보고, 깨달음을 얻고, 적용할 것을 찾아내는 것이 독서의 목적이라고 생각되면 어느 책이든 가리지 않고 본깨적 방법을 적용하게 된다. 『조화로운 삶』이라는 책도 자기계발서가 아니다. 자본주의라는 문명에 대한 대안 제시이고 본보기 삶을 보여주는 비판서다. 채식주의, 자연주의 철학을 몸소 실천한 사람의 이야기다. 독서 지도를 해야 하는 필자는 본능적으로 본깨적 방법으로 이 책을 분석했다. 본깨적 독서법은 어느 책에도 해당

되는 독서의 기본 방법 중 하나다. 관심 갖고 익혀나가길 기대해 본다.

・ ▲ 본독서 주제, 키워드 인상적인 부분
　▲ 깨독서 동기부여 롤모델 새로 안 것
　▲ 적독서 개선 아이디어 적용할 점을 찾아내 보기

엄권(嚴卷)과 신독(愼獨).

사전에서 찾아보면 엄권이란 읽던 책을 덮음을 말한다. 신독은 홀로 있을 때도 언행을 삼감을 말한다. 독서 세계에서는 조금 다른 해석이 나온다. 엄권이란 책장을 조금씩 읽어나갈 때마다 잠깐씩 책 읽기를 멈추고 책장을 덮은 다음 방금 읽은 내용을 머릿속에서 떠올리면서 되밟아 나가는 방법이다. 신독이란 '독선을 늘 조심하라, 독서한 내용을 혼자 독차지하지 말고 반드시 타인에게 제공하라'는 방법을 가르친다.

이 부분을 생각하면 앞장에서 언급한 『조화로운 삶』이란 책의 여러 가지 원칙이 떠오른다. 이 중 눈에 띄는 부분이 있다. 매일 한 번 삶과 죽음 등에 관한 철학적 명상 시간을 보내라는 원칙이 그것이다. 도시의 번잡함을 거부하고 시골로 들어가 자급자족 경제를 추구하는 농부가 되기로 한 사람들. 그들이 한 일 중 하나가 삶과 죽음이라는 문제, 그리고 철학적 명상을 하는 시간을 갖도록 한다는 뜻이다. 용기 있는 분들의 명확한 의식이 보이는 부분이다. 이 부분은 아무리 나름 '내려놓은 삶'이라 할지라도 이것만은 지키겠다는 뜻으로 해석할 수 있다. 저자 니어링 부부만이 제시할 수 있는 인상적인 부분이라고 생각했다.

저자들의 이력에 놀랍다. 남편은 대학교수를 했고, 아내는 부잣집에서 자랐다고 한다. 오전에는 끼니와 관련된 일을 했다.

짧은 시간이지만 계획적으로 밀도 있게 일을 했다. 나머지 시간을 온전히 자신의 시간으로 갖기 위해서였다. 이 시간에는 독서와 글쓰기가 포함되어 있다. 이분들이 하루 한 번 삶과 죽음을 생각하는 시간에 했던 사색의 내용은 주로 독서에서 얻은 것일 가능성이 높다. 독서를 하면서 얻은 지식이나 지혜를 활용해 철학적 사색을 이어나갔으리라고 예상된다. 엄권을 한 것이다.

필자가 주목하는 부분은 이곳이다. 독서를 하는 과정에서 30분이 지나면 알람 소리를 듣고 일어선다. 잠시 독서를 했던 부분에 대해 눈을 감고 그림을 그려나간다. 이런 시간을 3분 정도 갖고 나면 독서 내용이 정리가 된다. 이런 것이 필자가 생각하는 엄권이다. 반복하지만 책을 읽는 도중 잠시 쉬는 시간을 갖는다. 눈을 지그시 감고 생각의 나래를 펼쳐 나간다. 산책을 해도 좋다. 산책하며 되새겨보라. 이런 과정은 독서에서 매우 중요하다. 아무 생각 없이 그저 읽어나가는 습관이 몸에 배면 곤란하다. 니어링 부부처럼 하루 한 번 사색의 시간을 가지면서 이때 책을 읽었을 때 나왔던 내용도 합해 이런저런 생각을 그리며 정리해나가는 것까지가 독서의 한 과정이다.

신독도 중요하다. 독서를 하고 난 다음 혼자 생각하고 혼자 판단하는 것은 '내가본(내가 보고 싶은 부분만 본다)'에 빠질 가능성이 항상 잠재되어 있다. 따라서 책을 읽는 내용을 주변 사람들과 철저히 나눠봐야 한다. 이야기를 하다 보면 자신이 잘못 판단한 부분이 나올 수 있다. 혼자 자신의 생각에 빠져 있을 수 있다. 독서 과정에서 신독이란 이런 과정일 수 있다. 엄권과 신독은『독서의 신, 다독술이 답이다』라는 책을 쓴 마쓰오카 세이코가 주장하는 독서 과정이다.

마쓰오카 세이코 작가는 일본이 자랑하는 독서의 신 중 한 명이다. 참고로 일본은 다신교 사회이다. 살아 있는 사람도 신 같으면 일본인들은 '무슨 무슨' 신이라고 명명한다. 이 작가는 독서의 신이다. 매일 한 권씩 책을 읽는다. 물론 토요일, 일요일은 빼고……. 일주일 5권 정도다. 단 5일간 독후감을 쓴다. 매일 저녁 천 일간 글을 써서 블로그에 올린다. 이 글이 책으로 나온다. 천일천책이라는 글을 블로그에 연이어 올려 화제가 된다. 그 내용이 수준급이어서 문집으로 발간되었다고 한다. 이 문집은 완판이 되어 그 인기를 실감케 했다.

그는 엄권과 신독을 강조하고 있다. 그가 말하는 독서는 독서 전 독서법이라는 의미의 독전술(讀前術)과 독서하는 도중의 독중술(讀中術), 독후에 하는 독후술(讀後術)이 있다. 독전술은 책을 접하는 방법이나 차례 독서로 시작된다. 독중술은 표시 독서법이나 매핑 독서법이 있다. 독후술은 책장의 책을 배열하는 것이나 책을 읽고 나서 감상 노트나 감상 블로그를 써보는 것이다. 독서에는 이처럼 많은 방법이 있다. 독서 전문가마다 나름의 방법들이 있기 때문이다.

그를 독서 롤모델로 삼고 있다. 언젠가는 그를 흉내 내는 것을 넘어 그 이상 독서가가 되었으면 하는 생각이 있다. 이 독서가는 '모든 독서는 두 번 이상 읽었을 때부터 시작된다'고 주장해 눈길을 끌고 있다. 두 번 읽어야 그때 비로소 제대로 된 독서라는 주장이다. 세이코는 세 권 읽으면 반드시 그중 한 권을 골라 반복 독서를 한다고 한다. 한 번 읽고 대충 넘기는 것이 몸에 배어버린 사람들이 꼭 배워야 할 방법이다. 한 번 읽은 것은 그저 활자를 읽는 것이다. 두 번째는 독자 자신이 읽게 된다. 이런 과정에서도 엄권과 신독을 꼭 거쳐야 할 것이다. 읽는 내용을 내 것으로 만드는 것은 되새김이다. 눈을 지그시 감고 읽은 내용을 그려보면 절대 잊히지가 않는다.

세이코의 독서법 중 공독(共讀)이라는 단어가 나온다. 일본 사람들이 과거에 많이 하는 독서법 중 하나다. 공독이라는 것은 사람들이 모여서 같이 독서를 한다. 모두 모여 향을 피운다. 향 하나를 태우는 시간 동안 같이 책을 읽는다. 향 하나가 타는 시간은 대략 30분에서 1시간여다. 이 시간 동안 같이 모여 같은 책을 읽는다. 책을 집에서 읽어오는 것이 아니다. 그냥 그곳에서 책을 읽는다. 향이 다 타면 다시 향을 하나 태운다. 그 시간 동안 읽은 책에 대해 토론을 한다. 자기 생각을 나누는 것이다. 이 시간이 끝나면 다시 향을 하나 태운다. 이때는 책을 읽는 것에 대해 시를 쓰든지 독후감을 같이 쓴다.

이 부분을 읽고 필자는 광주사직도서관에서 '고전 독서 공독회'라는 형식의 독서 지도를 진행했다. 2시간이 걸린다. 한 시간 동안은 철저히 '건강 우선 리듬 독서'라는 방법으로 책을 읽도록 한다. 책을 읽고 오라고 하면 많은 부담을 느낀다. 이런 부담을 해소시켜주기 위해 읽지 말고 그냥 오라고 권한다. 정해진 책만 갖고 오면 된다.

책을 읽고 난 후 본깨적 토론 시간을 진행한다. 어려운 고전을 한 시간 정도 읽고 토론을 하자면 부족한 부분이 많이 나온다. 준비해온 사전 지식이나 배경지식 같은 것을 강의하면서 마친다. 참가자들은 이 고전 독서에 대해 기본적인 지식을 얻고 많은 흥미를 느낀다. 이런 과정을 거치면서 고전 독서에 호기심을 간직한 채 집으로 돌아간다. 그 여운으로 책 나머지 부분을 읽는다. 참가자들에게 부담을 주지 않기 위해 한 주 300여 페이지로 한정한다. 고전의 경우 대체로 600여 페이지가 넘는다. 한 주 300페이지 원칙을 고수하기 때문에 2주 정도 시간을 갖고 읽어나간다. 사직도서관의 배려로 이 프로그램은 상당한 호응을 얻는다.

공독회를 진행하는 과정에서 책을 보고 눈을 지그시 감고 책 내용을 이미지로 그려나가는 시간을 준다. 엄권의 과정이다. 또 서로 아는 내용을 철저히 나누기 때문에 신독이 되는 것이다.

책을 읽고 난 후 적용은 중요하다. 이 과정 자체에 삶의 즐거움이 응축되어 있다.

• 무턱대고 읽어나가기보다 독서하고 잠시 쉬며 되새겨보는 엄독과 다른 사람들과 토론하며 나누는 신독 과정 실천해보기

5. 1124독서법과 333독서법

책을 어렵게 끝까지 읽었지만 이것을 '어떻게 기억 속에 잘 잡아놓느냐'는 숙제가 남아 있다. 금방 읽은 부분도 휘발유처럼 날아가버리는데, 읽은 '책 내용을 전부 잡을 방법은 무엇인가'라는 질문의 대답 중 하나가 '1124독서법과 333독서법'이다.

우선 333독서법은 일명 '쇼 호스트' 독서법이라고 한다. 쇼 호스트는 홈쇼핑에서 상품을 설명해 파는 사람을 말한다. 즉 텔레비전의 상품 판매 프로그램에서 소비자들에게 상품을 소개하고 직접 시연해보이는 진행자다. 독서를 한 후 기억을 하는데 갑자기 무슨 쇼 호스트 타령이냐고 반문할 것이다. 한마디로 하면 자신이 읽은 책에 대해 쇼 호스트가 상품을 팔듯이 이야기를 해보라는 뜻이다. 아무리 책을 잘 읽었어도 책 읽은 내용에 대해 전부 이야기하기는 쉽지 않다. 또는 불가능하다고 말한다면 그 사람은 책을 제대로 읽지 않았거나 소화하지 못한 셈이다. 어떤 경우든 책을 읽고 나면 그 내용을 최소한 3분 정도는 이야기할 수 있어야 한다. 책을 제대로 읽은 사람 같으면 못할 일이 없다. 또 책 내용을 확실하게 이해했다면 이야기할 수 있어야 한다. 아니면 이야기하면서 생각을 정리한다.

읽은 책에 대해 '3명'에게 이야기 한다. 한 명한테 이야기하기보다는 적어도 3명한테 이야기해야 한다. 한두 명에게 하는 걸로는 '제대로 머리에 박혀 있지 않다'고 볼 수 있다. 작정하고 3명에게 책 내용에 대해 설명을 해본다. 3명 정도 하면 입에서 줄줄 내용이 나온다. 내용을 이야기하는데 시간이 최소 3분 이상은 되어야 한다. 1분이 짧은 것 같지만 이야기해보면 의외로 긴 시간이다. 겹치지 않는 이야기를 3분 동안 해야 한다면 그도 쉽지 않다. 책을 읽은 지 3일이 넘어서면 이미 수증기처럼 머릿속에서 책 내용이 증발해버렸을 가능성이 높다. 잠시 후 언급하겠지만 인간의 망각 속도는 생각하는 것보다 빠르다. 3일이 지나면 60프로 이상은 이미 날아갔다고 볼 수 있다. 이 정도면 독자는 눈치챘을 것이다.

333이란 무엇인가? 책을 읽고 난 후 '3일 안에', '3명에게', '3분 동안' 이야기하는 것이 '333독서법'이다. 앞에서 이야기한 대로 책 내용을 설명할 수 있는 쇼 호스트가 되라는 것이다. TV 홈쇼핑에서 물건을 팔듯이 자신이 읽은 내용을 쉽게 설명해나가야 한다. 간결하게 설명해야 사람들은 잘 알아듣는다. 그처럼 간결하게 책 내용을 설명하라는 것이다.

333독서법을 설명해주고 실천하라고 하자 60대 수강생이 즉각 손을 들어 물어본다. 뭐가 문제냐고 되물으면 으레 오는 질문이 있다. 전화를 할 사람이 없다는 것이다. 자신의 말을 3분 간 들어줄 사람이 한 명도 없는데, 어떻게 3명에게나 하느냐라고 반문한다. 그땐 "할멈하고 자식들에게 하면 되지 않느냐"고 웃으며 말로 때울 수밖에 없다. 이를 설명했더니 70대 수강생이 "그래도 없는데 어떻게 하냐"고 너스레를 떨며 되물었다. 난감했다.

강의 도중에 다른 수강생과 전화번호를 교환하게 해준 적도 있다. 이 수강생 여성분은 영감님께서 읽은 내용을 들어주는 것 자체도 큰 보시(?)가 될 수 있을 것 같다며 기꺼이 자신의 전화번호를 드렸던 행동이 기억난다. 세상엔 이처럼 보시하는 방법도 다양하다. 노후 독서에 책 읽고 난 후 3일 안에, 3명에게, 3분 간 이야기를 나눌 친구를 만들어놓는 것도 큰 행복의 조건 중 하나가 될 수 있음을 확인했다. 불통하는 노인네보다는 소통 잘하는 노인네가 행복하다. 책을 읽고 난 후 그 상대에게 이야기해야 하니 상대편 이야기를 들어주는 것은 당연한 일이다. 상대에게 자신의 설명을 3분 간 했다면 상대의 말도 3분 정도는 완벽하게 들어줘야 더욱 서로 만족할 것이다.

1124란 흔히 에빙하우스 망각곡선이라는 이론에 근거한 독서 법이다. 에빙하우스는 독일의 심리학자(1850~1909)다. '무의미 철자'를 창안하여 기억 현상을 실험하고, 망각곡선을 만들었다. 저서엔 『기억에 대하여』가 있다. 독학으로 역사학, 언어학, 철학을 거쳐 심리학을 연구했다. 그는 기억 연구에서 무의미 음절의 사용을 고안하여 스스로 피험자가 되어 여러 가지를 실험한 결과, 망각률은 습득 직후가 높고, 파지량은 처음 9시간 동안은 급격히 감소하다가 그 뒤로는 서서히 준다는 것을 발견했다고 한다. 에빙하우스 망각곡선은 이 연구에서 비롯된 것이다. 그의 연구 결과는 그 후의 기억 학습 연구의 원형으로서 크게 공헌한다.

망각은 생존을 위한 진화의 선물이라는 말이 있다. 사실 '망각'은 자연스러운 일이다. 아무것도 잊지 못한다면 굉장히 끔찍한 인생이 될 것이다. 가령 산모가 힘든 출산의 기억을 빨리 지울 수 있는 것은 아기에게 젖을 물릴 때 온몸에서 분비되는 옥시토신이라는 호르몬 덕분이라고 한다. 옥시토신은 기분 나쁜 기억을 빠르게 지우고 불안을 잠재우는 호르몬이다.

이렇게 생존을 위해 진화한 망각 능력은 독서 후 내용을 기억해내는 데 큰 방해가 된다. 한 번 읽었는데 몇 시간도 되지 않아 그 내용을 까마득히 잊어버린다. 인간들 머릿속에 큰 지우개가(?) 있는 것 같다. 이에 대한 연구를 에빙하우스는 도표로 그린다.

에빙하우스는 인간이 한 번 배운 것을 얼마나 빨리 까먹을지 연구해 망각곡선을 발견한다. 독서를 끝내고 난 뒤 10분 후부터 망각은 시작된다. 그 다음 1시간이 지나면 50%이상 잊게 된다. 1일만 지나도 70% 이상 망각한다. 한 달이 지나면 80% 이상 망각하게 된다.

망각곡선의 결과를 해석해보자. 동일한 내용을 1시간 후에 다시 외우는데, 처음 외운 시간의 50% 이상이 필요하다. 24시간 뒤에는 무려 70% 이상의 시간이 필요하다. 이런 이론에 근거해 하루가 지난 후 독서한 것을 살펴본다. 또 일주일 지난 후 다시 독서한 내용을 음미해본다. 이 주일 지나서 다시 한번 본다. 마지막 한 달, 4주 후 독서한 것을 되새겨본다. 이것을 1124독서법이라고 한다.

이상을 요약해보자면 독서를 한 후 3분 간 이야기할 것을 혼자 연습해본다. 시간 알람을 해놓고 해보는 것이 더 좋다. 연습이 됐다 싶으면 세 사람에게 전화를 한다. 물론 양해부터 구해야 한다. "막 읽은 책에 대해 3분 간 이야기하고 싶다. 들어줄 수 있겠느냐?" 이렇게 말하면 바빠서 안 된다고 하는 사람은 좀처럼 찾기 어려울 것이다. 대부분 흔쾌히 듣겠다고 할 가능성이 높다. 그 내용을 듣는 사람도 이야기를 들음으로써 읽지 않은 책에 대해 배울 수 있고, 도움이 될 수 있다고 생각하기 때문이다. 3일 안에 이 작업이 계속 이루어진다면 자신은 그 책 내용에 대해서는 어느 정도 이해했음을 스스로에게 인정받을 수 있다.

1124독서법도 병행해야 한다. 인간은 어차피 잊어버리는 법이다. 한 시간 지나서 다시 한 번 확인한다. 하루 지나면 더욱 잊히니 되돌아본다. 일주일 지나면 갸웃할 정도 잊힌다. 그것을 되뇌어 봐야 한다. 마지막 한 달 후 보면 새삼스러울 것이다. 이 정도를 완벽히 해낸다면 자신이 읽는 독서 내용은 뇌에 확실하게 박혀 있다고 할 수 있다. 노후 독서는 이보다 더 쉽게 잊혀질 가능성이 높다. 이를 극복하는 방법은 반복과 습관이다.

인간은 스트레스가 높을 때는 뭐든 아무 생각 없이 습관대로 한다고 한다. 이런 333독서법이나 1124독서법을 몸에 익히면 어떤 책 내용이든 쉽게 잊지 않을 것이다. 일본 카사바와시온는 자신의 책 제목을『나는 한 번 읽은 책을 10년 후에도 잊지 않는다』라고 발표했다. 정신의학자다. 그는 뇌에 대한 공부가 많이 된 저자였다. 결국 뇌를 아니까 뇌를 공략하는 법대로 책을 읽은 것이다. 그 구체적인 방법 중 주요 내용이 1124독서법이고 333독서법이다.

> • 책을 읽고 난 후 333독서법 3명에게, 3분 간, 3일 안에 책 내용을 이야기해볼 것. 1124독서법 한 시간 후, 하루 후, 일주일 후, 한 달 후 반드시 다시 되새겨볼 것.

6. 독서 後 활동으로 독서를 완성하다
- 독후감, 서평 쓰기

– 독후감 –

어느 초등학교 교장이 매일 아침 10분씩 학생들에게 독서를 시킨다. 처음엔 하루 10분 독서가 무슨 효과가 있겠느냐 하면서 많은 반대에 부딪쳤다. 이런 반대에도 불구하고 교장 선생은 이를 밀어붙인다.

학기 초 시작한 이 독서 습관은 1년이 되어갈 무렵 엄청난 효과를 나타낸다. 처음엔 책을 10분 읽던 학생들이 점점 독서의 즐거움을 알게 된다. 책을 조금 더 읽겠다는 학생이 생기고, 그다음 내용이 궁금해 하루 한 시간 이상 따로 독서를 한 학생도 나온다. '독서 습관 만들기' 프로그램을 시작하면서 교장 선생이 학생들에게 제시한 것이 있었다. 그중 하나가 독후감을 쓰지 않도록 하는 것이다. 처음 책을 대하는 사람들에게 의무적으로 독후감을 쓰라고 하면 지레 겁먹고 부담을 느껴 독서를 꺼리게 된다. 이런 점을 감안해 이 교장 선생은 독후감은 쓰라고 하지 않을 테니 그냥 책만 읽으라고 미리 방침을 세웠다.

독서 이야기를 하면서 독후감에 대해 논하지 말라는 것은 어떤 의미에선 독서를 하지 말라는 뜻과 같다. 그렇다고 독서를 하면서 독후감을 빼놓는 것도 조금은 말이 되지 않는 듯하다. 부담을 느끼는 독자는 이부분을 그냥 읽지 않고 지나쳐도 된다. 조금이라도 독후감에 관심이 있다면 살펴볼 만하다. 독후감에 정답은 없다. 일반적으로 이런 정도이면 좋다는 정도다.

독후감을 쓰겠다고 처음부터 마음먹고 시작한 독서라면 읽는 도중에 메모와 줄 긋기는 필수다. 글을 쓰겠다고 작정한 것이니 글 쓸 재료를 다듬어놓는 과정이 필요하다.

이를 간추려 정리해본다. 이 책을 어떻게 읽게 되었나를 적는다. 물론 책을 읽게 된 동기를 쓰되 '동기'와 '이유'라는 말은 사용하지 않는다. 책을 읽게 된 구체적인 동기를 담으면 세련되어 보인다. 책의 소재나 책의 주제와 관련한 자신의 경험이나 지식을 쓰는 것으로 시작하는 방법도 있다. 이외에 책을 읽고 중심 생각을 질문하는 식으로 시작할 수 있다.

책을 쓰는 저자는 주로 세상에 대한 자신의 질문을 던지면서 책 쓰기를 시작한다. 이 부분을 해결하기 위해 책을 썼다는 것인데, 이를 독후감의 첫 문장으로 시작해보는 것도 좋다. 지금 읽는 이 책은 "노후 독서를 어떻게 하면 건강을 지키며 리듬을 타며 오래 할 수 있을까?"라는 질문으로 시작했다. "왜 노후 독서를 하면 건강을 망치게 될까?", "나이 들어 책을 읽으면 눈이 나빠지고 건강에 좋지 않다. 고민을 받아들여야 하나 이런 논리는 무조건 맞는가?", "극복할 더 좋은 방법은 있는가?" 정도가 이 책의 질문이다. 또 작가를 소개한다거나 그의 작품 세계의 특징을 간략히 적으며 시작하는 방법도 있다. 한마디로 요약하며 시작한다는 뜻이다. 이 중 어떤 식으로 시작을 할까는 본인이 선택하면 된다.

독후감을 쓰는 방법을 정리하자면 책 읽는 동기와 이유를 쓰고, 작가를 간략히 한 문장으로 소개하고, 내용을 요약한다. 줄거리를 요약할 때 주의할 점이 있다. 줄거리를 길게 쓰면 지루해진다. 줄거리는 가능한 한 짧게 쓰고 자신의 느낌과 생각을 자세히 써야 한다. 줄거리 한 문장 쓴 다음 느낌을 쓴다. 이걸 반복하며 써도 좋다. 줄거리를 간략히 쓴 다음에는 중요하게 생각하는 부분 몇 장면을 자세히 표현하면 더욱 좋다. 줄거리를 쓸 때 책 목차를 다시 살펴보는 것도 한 가지 방법이다.

다음은 느낀 점을 쓰는 것이다. 독후감은 책 그 자체 혹은 그 책에 대한 일반의 평가보다는 나의 느낌을 쓰는 것이라는 점을 명심해야 한다. 여기서 느낀 점을 더 구체적으로 표현해보면 다음과 같다. 자기 자신에게 질문해본다. "작가는 우리에게 어떤 말을 하고 싶어서 이 책을 썼을까? 넌 이 책을 누구에게 읽으라고 권해주고 싶니? 왜? 이 책이 나에게 주는 의미는? 이 책의 교훈을 내 삶에 적용한다면 무엇을 할 수 있을까?"

이런 느낌에 자기 생활을 곁들여 쓸 수도 있다. "이 책을 읽고 내가 반성한 점은? 주인공과 비슷한 경험이나 생각을 한 적 없어? 주인공의 행동에 공감하니? 주인공은 왜 그때 그렇게 행동했을까? 등장인물 중에서 누가 가장 인상에 남나? 왜? 가장 재밌거나 인상적이던 대목은? 그때 너의 감정은? 분노? 안도? 눈물? 웃음? 새롭게 알게 된 것은 없어? 책을 읽고 나서 드는 궁금증, 의문점은? 작가에 대해 어떻게 생각하니? 이 책의 좋은 점과 나쁜 점은? 이 책을 비판한다면?" 이런 정도를 대화하며 풀어나가는 것도 방법이다.

책에 대한 느낀 점을 표현할 때 등장인물과 자신을 비교하고, 자신의 의견을 정리해보는 방법도 있다.

예를 들자면 "나라도 그렇게 했을 것이다. 나라면 그렇게 하지 않았을 것이다. 주인공이 겪은 고난에 비하면 내가 지금까지 한 고생은 아무것도 아니다. 주인공이 그때 자리에서 물러나기로 결단했을 때 마음의 갈등이 심했을 것 같다. 물러날 때 물러나는 결단력을 그에게서 배우고 싶다." 등 여러 가지 입장이 있을 수 있다.

등장인물과 나를 연결하고, 책의 주장과 나의 생각을 비교해보는 방법도 있다. 즉 이 책이 새롭거나 놀라운 까닭을 쓴다. 자신이 이미 알고 있던 것과 어떤 차이가 있는지, 따라서 어떤 점을 깨달았으며, 어떻게 적용할 것인지를 쓴다. 이런 식으로 느낀 점을 쓴 후 가장 중요하다고 생각되는 두세 가지 핵심 내용을 정한 다음 각각의 내용에 자기 생각을 곁들여 정리한다.

독후감을 쓸 때 가장 좋은 것은 지성과 감성의 조화이다. 이 방법이 어려우면 감성에 비중을 두고 써볼 것. 독후감은 비평이 아니다. 정해진 답이 없다. 즉 전체적으로 자신의 소감, 반성, 느낌이 많이 들어가야 한다.

독후감의 제목은 본격적으로 글을 쓰기 전에 붙여본다. 키워드를 써놓고 그림 그리듯이 글을 쓰려고 노력한다. 제목은 글을 다 쓴 후 붙이거나 고쳐도 된다. 매력적이고 인상적인 제목을 만들려고 최선을 다해야 한다. 독후감 쓰는 일은 시간이 많이 든다. 마음에 많은 부담도 남는다. 이 때문에 글쓰기를 위한 최소 시간을 확보해야 한다. 일과 중 글 쓰는 시간을 확보해놓고, 글쓰기를 우선순위에 두어야 제대로 된 글쓰기가 가능하다. 잠깐잠깐 시간에 긴 글을 완성시키기 어렵다. 적어도 한 시간 내지 두 시간 묶음 시간을 확보해야 글을 쓸 수 있다.

『뼛속까지 내려가서 써라』라는 글쓰기 책을 쓴 나탈리 우드는 글쓰기에 대해 이렇게 말했다. 글쓰기는 글쓰기를 통해서만 배울 수 있고. 아무리 좋은 방법을 많이 알아도 글쓰기는 되지 않는다. 그냥 글을 많이 써보면 글쓰기가 가능해진다. 마찬가지다. 독후감도 독후감을 쓰면서 보다 나은 독후감을 쓸 수 있게 된다. 글을 읽으면서 독후감 재료들을 모아 나가야 하는 것도 당연하다. 독후감을 쓰겠다고 작정하고 글을 읽는다면 글을 대하는 태도부터 달라진다. 이곳저곳에 메모하며 자신의 느낌을 행간에 열심히 적는다. 크게 감동받은 부분이나 중요하다고 생각되는 부분은 페이지 접기를 반드시 해놓아야 한다.

작가 헤밍웨이는 '처음 쓴 모든 글은 쓰레기다'라고 말했다. 독후감을 처음 썼다면 자신의 글이 쓰레기라고 헤밍웨이처럼 인정해야 한다. 세계적인 작가 헤밍웨이도 자신의 첫 번째 글을 그렇게 표현했으니 글쓰기를 이제 막 시작한 범인의 글들이야 더 말할 것도 없다. 이 말은 글이란 퇴고를 하면서 비로소 제대로 된 글쓰기가 시작된다는 것이다. 이를 명심해야 한다.

독후감을 썼으면 문법적으로 맞는지부터 시작해 비문은 없는지 두루 살펴보면서 완성도를 높여야 한다. 아무튼 노후에 독서를 하기에도 급급한데, 독후감이라는 부담까지 있다면 얼마나 독서가 부담스러울지 추측해볼 수 있다. 이런 부담까지 안고 독서를 해야 하느냐라는 말도 나올 수 있다. 그렇지만 독서의 마지막은 독후감일 수 있다.

- 서평 쓰기 -

실제로 사람들은 독후감을 쓰는 것에는 그리 부담을 갖지 않는데 서평을 쓰라고 하면 많은 부담을 느낀다. 마치 서평 쓰기와 독후감을 전혀 다른 것으로 알고 있는 것 같다. 하지만 필자 생각은 다르다. 우선 글쓰기라는 점에선 확실히 같다. 책을 읽고 쓴다는 것도 공통점이다. 다만 평을 한다는 것이 부담스러울 뿐이다.

평을 하기 위해선 저자의 논리 구조를 알아야 한다. 논리 구조를 파악한 후 저자의 논리가 타당한가를 생각해봐야 한다. 저자가 잘못 알고 있는 부분은 없는지. 부족하게 알고 있는 부분은 없는지. 이런 것들을 정리한 다음 평은 시작된다. 서평도 평이기 때문에 이런 점이 분명 고려되어야 한다. 비평과 서평이 다른 점은 책에 대해 비판적 관점으로 보기보다는 책 추천 여부를 다룬다는 것이다. 서평은 책을 보고 난 다음 이 책을 읽어보니 이런 점이 좋더라고 말하는 것이다. 물론 반대말도 정확히 해야 한다. 이 책을 보고 나니 '이런 점이 좋다. 읽어봐라'라든지 아니면 '이런 점이 아닌 것 같다. 읽지 말라' 중 하나

여야 한다.

서평과 독후감으로 다시 돌아가자. 둘 다 책의 요약은 기본이다. 책의 줄거리를 써놓지 않는다면 독후감도 아니고 서평도 아니다. 둘 다 이 부분은 반드시 들어가야 한다. 저자에 대한 소개도 한 줄 정도는 필요하다. 저자 소개를 아예 생략하거나 저자 소개가 장황하면 곤란하다. 저자 소개는 키워드 중심으로 한두 줄 정 해주는 것이 좋다.

책을 읽고 자신의 마음에 새기고자 하는 한 문장도 필요하다. 주관적 측면에서 이 한 문장을 써 놓고 글을 풀어나가는 것도 독창적인 글을 쓰는 데 유용한 방법이 될 수 있다. 『1만 권 독서법』이라는 책을 저술한 일본 작가는 매일 한 편의 서평을 써서 발표하고 이를 직업으로 한다. 그는 철저히 자신이 책을 읽고 잡아낸 인상적인 한 문장을 가지고 서평을 풀어낸다. 아무도 이에 대해 잘됐다, 잘못 됐다를 평할 수는 없다. 자신이 책을 읽고 선택한 한 문장이라고 미리 발표하기 때문이다.

이 책을 읽고 '이런 점은 적용하고 싶다'고 말하는 부분도 들어가면 좋다. 책을 읽는 목적이 변화이고 개선이며 성장이라면 적용점을 새기는 과정이 꼭 필요하다. 책을 읽고 자신이 무언가를 적용하겠다고 선택해 쓴다면 자신에게도 유익하고 독자도 한 수 배우는 것이니 서로 좋은 것이다. 이는 독후감이나 서평이나 마찬가지다. 물론 이 부분은 넣어도 되고 빼도 된다. 서평 쓰는 사람의 선택일 뿐이다.

독후감과 서평 쓰기의 다른 점은 독후감은 자기가 느낀 점,

감정 같은 것을 쓰는 것이고 서평 쓰기는 이 책을 읽으니 '이런 점이 좋으니 읽을 것을 추천한다'가 요지다. 따라서 서평 쓰기에는 이 책을 읽어야 할 이유를 분명히 해둬야 한다. 우리나라에서 나온 서평에 관한 책 중 김기태 교수의『서평의 이론과 실제』를 권한다. 서평에 관한 책들이 손에 꼽히는 정도여서 이 방면 이론서가 드물다. 실용서는 더구나 찾기 어렵다. 이 책 뒷면에는 매우 친절하게 서평 실습을 보여준다.

이 책 397페이지에는 '정형화된 서평의 실제'라는 장이 있다. 여기에는 국민독서운동과 더불어 서평 쓰기 생활화를 위해 헌신하고 있는 (사)국민독서문화진흥회 김을호 회장이 개발한 서평 양식(W.W.H./ 1.3.1.A4서평 쓰기)에 맞추어 쓴 대표적인 서평들을 수록해놓았다. 국민독서문화진흥회에서 발급하는 서평지도사자격증을 소지한 분들의 글을 통해 정형화된 서평을 만날 수 있다.

"여기에는 국가 안보의 최일선에서 바쁜 시간을 쪼개어 장병들의 서평 쓰기를 독려하는 한편, 직접 서평 작품을 써서 보내주신 상급 지휘관 및 군 간부들의 솔선수범 솔선수범하는 노력에 찬사를 보낸다. 어디 그뿐인가. 기초자치 단체장님(영덕군수)의 글도 있고, 도서관장님의 글도 있는가 하면, 학부모와 초등학생 자녀가 함께 보내주신 글도 있다. 일선학교 선생님과 저널리스트, 회사원에서 사회단체 임직원, 중·고등학생에 이르기까지 모두 스물여섯 분의 귀한 글이 실렸다. 비록 정형화된 형식이긴 하지만 이를 통해 결국엔 자기 글쓰기에 이르는 과정을 볼 수 있어 기뻤다. 전 국민이 독서의 바다에 풍덩 빠지는 그날까지 전국의 한국서평학회 회원과 서평지도사들 그리고 독서운동가들이 더욱 분발하기를 기대한다." 『서평의 이론과 실제, 397P』

김을호 사단법인 국민독서문화진흥회 회장은 이 서평 쓰기 방법에 대해 이렇게 설명하고 있다.

'키워드 글쓰기다. 3독의 의미를 키워드를 통해 정확하게 표현함으로써 책의 집필 이유와 책의 내용, 독서 후 실천 방안을 기술하여 도서를 주관적이면서 객관적으로 바라볼 수 있는 힘을 길러준다', '시스템 글쓰기다. 전문 작가들조차도 부담스러워하는 글쓰기를 누구라도 쉽게 글을 쓸 수 있도록 시작부터 마무리까지 일정한 틀을 이용함으로써 글쓰기 대중화를 이끌어낸 글쓰기라고 할 수 있다', '패턴 글쓰기다. 6개의 키워드에 따라 시작-연결-마무리에 따른 시작과 종결어미까지 세부적으로 제시된 패턴대로 글을 쓰다 보면 어느 순간 패턴을 넘어 자신만의 글쓰기를 돕는 글쓰기의 교본이다'라고 전제하고 있다.

여기서 2W1H는 WHY (작가는 왜 이 책을 썼을까/ 저술 목적) / WHAT (무엇을 말하는가/ 핵심적인 내용)/ HOW (나에게 어떻게 적요할 것인가/ 실천 사항)를 가리킨다.

1.3.1이란 1. 생각(나는~라고 생각한다 / 주장 평가) / 2. 이유 [왜냐하면] 내 생각에 대한 이유 3가지를 가리킨다. 마지막 1은 결론 (그래서, 나는~라고 생각한다) 이후 2% 평가를 쓰게 한다. 마지막으로 내 마음속 한 문장을 쓴다.

이런 방법은 서평 쓰기를 처음 접하는 사람에겐 매우 유익하다. 어차피 어떤 글이든 글틀이 있다. 신문기자가 많은 수의 기사를 써대고 많은 양을 하루에 쓸 수 있는 것은 글틀을 머리에 담고 있기 때문이다. 그 틀 안에 글 내용을 집어넣어 나가기 때문에 아무리 많은 꼭지의 기사를 써도 별 무리 없이 마무리할 수 있다. 많은 양의 글이라도 무섭게 생각하지 않고 충분히 해낼 수 있다. 우리는 편지 쓸 때는 편지글 양식대로 쓴다. 일기도 마찬가지다. 서평도 틀에 맞춰 써나간다면 아무리 많은 서평이라도 가능하다. 이 책은 그 틀을 제시했다는 점에서 높은 평가를 받을 만하다.

필자가 짧은 시간 안에 많은 사람들에게 서평 쓰기 실습을 하도록 하는 것도 이런 틀이 있어 쉽게 접근할 수 있었다. 다만 서평 쓰기는 자신이 그 책을 완벽히 이해하지 않으면 쓸 수 없다는 한계가 분명하다. 독후감은 읽고 난 자신의 감상이기 때문에 이런 점에서는 다소 여유가 있다. 하지만 서평은 좀 다르다. 따라서 자신의 지적 수준을 넘어선 책을 읽고 서평 쓰기가 안 된다며 머리 아파하는 일은 곤란하다.

이런 점에서 볼 때 서평 쓰기를 할 책은 자신의 이해도를 감안해서 도전하는 것이 현명할 듯하다. 만약 자신의 서평 쓰기 수준을 올리려면 앞에서 언급한 대로 당연히 자신과 관계없는 책을 평소 열심히 읽어두는 수밖엔 없다. 제대로 이해하지 못한 책의 서평을 쓰겠다고 하면서, '왜 나는 서평 쓰기가 안 되지'라고 고민하고 있다면 곤란하다는 뜻이다. 이런 점이 서평 쓰기를 가르치면서 마주치는 서평 쓰기의 한계점이다. 그걸 서평 쓰는 사람이 이해하기만 하다면 문제는 가볍게 풀린다. 수준에 맞지 않는 책이니 다소 서평이 약해질 수밖에 없다는 점도 감안한다면 어려운 책에 대한 서평 쓰기도 꽤 괜찮은 시도라고 할 수 있다. 서평을 쓰면서 책에 대한 이해도를 높여나가기 때문이다.

앞에서 예시한 서평 쓰기 글틀은 훌륭하다. 만약 이 틀이 완벽히 몸에 뱄다면 다음은 활용하는 단계로 올라갈 수 있다. 위의 방법처럼 쉽지만 딱딱한 서평이 아니라 유연하고 세련되게 서평을 쓰려면 글 순서를 이리저리 바꾸면 된다. 예를 들자면 자신이 그 책에서 잡은 한 문장을 가장 위에 올려놓는다. 그리고 이 문장을 풀어 쓰고 그다음에 책 저자 소개를 간단히 한다. 그리고 책 줄거리를 적는다. 이후 왜 이 책을 읽어야 하는지를 적어나간다. 마지막엔 비판적 견지에서 한 마디 정도 적는다. 마무리는 적용할 점을 앞세워 '이런 적용을 알게 해준 책이다.'로 마무리하는 방법도 괜찮다.

이외에도 서평 쓰기 활용형은 무궁무진하다. 글쓰기는 글쓰기를 통해서만 배운다고 했다. 마찬가지다. 서평 쓰기도 서평 쓰기를 통해서만 배울 수 있다. 노후 독서를 하면서 어려운 서평 쓰기를 하는데 서평 글틀은 많은 보탬이 될 것으로 보인다.

> • 독후감은 독후감을 써보아만 실력이 는다. 써보지 않고 방법만 알아봐야 의미가 없다.
> 독서의 마지막은 독후감으로 귀결된다.

- 글쓰기는 틀이다. 틀에 글을 맞춰 넣으면 된다. 서평 쓰기도 앞에 예시한 틀 안에 글을 넣는 훈련을 해보면 자연스럽게 써나갈 수 있다. 다만 제대로 이해하지 못한 책의 서평 쓰기는 어렵다. 이해한 만큼의 글밖에는 쓸 수 없다. 자신이 알지 못하는 분야의 책을 평소 무서워하지 말고 열심히 읽어 영역을 넓히다 보면 다른 분야의 책 서평 쓰기가 어렵지 않게 적응될 것으로 보인다.

독서를 한 후 '이걸 어떻게 정리해나가나?'로 고민했을 때 마인드맵이라는 방법이 눈에 들어왔다. 독서 경영과 자기 관리를 교육받는 곳에서 알게 됐다. '이게 뭔가' 하고 아무리 봐도 처음엔 어려웠다. 흉내를 열심히 내면서 익혔다. 여러 가지로 유용했다. 마인드맵이란 내가 생각하는 키워드를 정해진 가지 위에 나란히 적는 것이다. 일종의 생각 지도다. 마인드맵이라고 해서 무작정 그림을 잘 그려야 하는 것은 아니다. 최소한의 그림을 가지고 생각의 키워드들을 그려나가면 된다. 어차피 사람은 활자보다 이미지를 오래 기억하기 때문이다.

마인드맵이란 문자 그대로 '생각의 지도'란 뜻. 자신의 생각을 지도 그리듯 이미지화해 사고력, 창의력, 기억력을 한 단계 높이는 두뇌 개발 기법이다. 독서를 하면서 생긴 생각의 지도를 그림으로 그리며 자신에게 머물렀던 생각을 잡아놓는 방법으로 활용할 만하다.

간혹 어떤 문제에 대하여 창조적으로 사고하고 있을 때, 시간이 흐르거나 연속적인 사고의 연상이 진행되면서 그 사고한 내용의 일부를 잃어버리게 되고 재생하기가 어렵게 될 경우를 대비한 프로그램이다. 마인드맵은 유기적으로 연결되는 일련의 생각을 훌륭하게 상기시켜준다.

마인드맵은 영국의 토니 부잔이 1960년대 브리티시 컬럼비

아대 대학원을 다닐 때 두뇌의 특성을 고려해 만들어냈다. 부잔은 일부 사람들은 그림과 상징물을 활용해 배우는 것이 훨씬 더 효과적이라는 생각이 들어 '마인드맵'을 고안해냈다고 한다.

학습법과 기억력뿐 아니라 기업 업무 능력 향상 등에도 효과가 있는 것으로 알려져 각국의 학교들뿐만 아니라 IBM, 골드만삭스, 보잉, GM 등 우수한 기업체들이 마인드맵 이론과 교재를 사원 교육에 활용하고 있다.

이런 마인드맵은 독서에도 활용될 수 있다. 독서 후 읽은 내용을 마인드맵으로 그려보면 한 장에 그 책 내용을 그려낼 수 있다. 그림을 그리는 데 소요되는 시간은 대충 20분에서 30분이다. 숙달되면 10분 안에도 가능하다. 한 장 안에 그려놓고 자주 새겨보면 독서한 내용을 머릿속에 다시 그려볼 수 있어 아주 좋은 방법이다.

나이 먹었다고 해서 새로운 것을 배우는 데 주저해서는 안된다. 오히려 새로운 방법이라고 하면 더욱 달려들어 배우려고 노력해야 한다. 육체적인 나이보다 정신적인 나이가 더 중요하다. 마음이 노인인 청년보다 마음이 청년인 노인이 오히려 청년 같을 수 있다. 마음이 늙어버려 도전할 줄 모르는 청년보다는 언제든 무엇이든 도전하는 청년 같은 늙은이가 더 젊은 삶을 살아갈 수 있다.

나이는 숫자에 불과하다는 것이 이런 것이 아닐까? 휴대폰이나 카톡도 젊은이보다 더 많이 한다면 혹은 검색 같은 것이 젊은이보다 더 빠르다면 이처럼 새로운 것들을 거침없이 받아들인다면 이것이 진정한 청춘일 수 있다. 젊은이들이 쉽게 하는 것을 늙은이라고 해서 어려운 것은 없다. 젊은이들도 하는데 늙은 사람이 못할 일은 없다. 다만 받아들이는 마음 자세가 문제다. 살아온 문화가 있고 습관이 있어 쉽게 바꾸기가 힘들다. 새로운 문화를 거부하는 고집스러운 습관을 바꾸는 것이 먼저다. 보다 유연한 사고방식이 젊음을 유지시켜준다. 안 되면 될 때까지 하면 무조건 성공한다. 성공하기 위해서는 될 때까지 연습해보면 된다. 안 된다면 안 되는 이유를 젊은이들에게 물어봐야 한다. 연습을 젊은이들보다 더 해보면 안 될 일이 없다. 마인드맵도 이런 차원에서 쉽게 포기할 것이 아니다. 수준 높은 마인드맵은 아니더라도 흉내 내는 수준에서부터 부단히 반복하다 보면 마인드맵이 자신의 학습 습관 안에 자리 잡을 때가 금방 찾아온다.

나이 들어 무슨 마인드맵이냐고 반문할 독자들을 위해 70세가 넘어 마인드맵보다 더 어려운 엑셀을 배워 20년 가까이 직업을 유지한 경우를 잠깐 소개하겠다. 친구 부친께서 나이 70세가 넘어 더 이상 일할 곳이 없었다. 몸은 아직도 젊은데 그냥 노는 것이 안타까웠다. 활발히 움직이는 데 용돈도 필요했다. 마침 친구가 가진 오피스텔건물에 경리 자리가 났다. 워낙 오피스텔의 규모가 작아 경리 아가씨 급여를 제대로 주지 못했다고 한다. 그 친구는 관리위원회에게 자기 부친이 정식 경리 사원이 아닌 계약직 경리를 보면 어떨까 하고 제안했다고 한다.

친구 부친은 젊어서 공무원 경력이 있어 그 정도 경리 일 정도는 꼼꼼히 해나가면 된다고 생각했다. 특별한 대안이 없던

관리위원회에서는 친구의 제안을 승낙했다. 단, 엑셀을 알고 처리해야 한다는 조건이 붙었다. 친구는 세 달 여유를 달라고 했다. 그 기간 동안 엑셀을 배워서 일 처리에 지장 없도록 하겠다는 방안을 제시했다.

막상 관리위원회의 승인을 받고 일을 시작했지만 친구 부친은 '엑셀' 프로그램을 하나도 알지 못했다. 젊은이들도 잘 모르는데, 70세 노인이 엑셀을 활용해 오피스텔 관리비를 산정하는 것은 불가능에 가까웠다. 3개월의 시간이 있긴 했다. 친구는 부친이 3개월 동안 엑셀 프로그램을 배우도록 구청에서 진행하는 노인 인터넷 강좌를 소개했다.

70대 중반이었던 친구 부친은 그때부터 구청 컴퓨터 교실을 다니게 됐다. 인터넷 강좌, 한글 강좌, 엑셀 강좌를 일주일에 한 번씩 하는 무료 교육을 받기 시작했다. 3개월 후엔 마침내 엑셀 프로그램을 활용할 수 있게 됐다. 모르는 것이 있으면 옆 사무실 경리 아가씨에게 물어가면서 매달 관리비를 산정해냈다. 노인 특유의 성실함으로 매일 나가서 경리 문서를 챙기고 하루 3시간씩 일하고 용돈을 벌었다. 이렇게 이 노인이 근무한 경력이 20여 년이다. 3개월 포기하지 않고 배워서 20여 년을 써먹은 것이다. 여기에 출근한 덕분에 친구 부친은 건강을 유지할 수 있었다. 매일 출근하는 것도 즐거움이었다. 그 오피스텔건물엔 친구와 동갑인 소장이 있었다. 나이 차이는 30여 년이다.

이 소장은 친구의 부친이 엑셀을 3개월 배워서 맘껏 사용하는 것을 20여 년 동안 옆에서 구경만 할 수밖에 없었다. 30년 어린 50대 후반 소장은 자신이 원래부터 기기 사용을 못 한다고 규정했고 배움을 멀리했다. 주변에 흔히 볼 수 있는 60대 자화상 중 하나다. 컴퓨터에 대해서도 까막눈이라고 자신을 단정했다. 한글 프로그램으로 공문서 만드는 일도 벌벌 떨면서 친구 부친에게 철저히 의존했다. 70대에 배운 컴퓨터 실력으로 20여 년을 용돈도 벌고 일자리도 만들었던 경우를 옆에서 지켜봤다. 마인드맵은 엑셀에 비하면 매우 쉬운 방법이다. 배우는 것도 별로 어렵지 않다. 물론 수준 높은 마인드맵을 구사하려면 전문강사에게 비용과 시간을 들여야 한다. 그럴 만한 가치는 있다. 아무튼 노후에 엑셀 배우는 걸 주저하지 않는 용기로 삶을 개척한 사례여서 기억에 남는다. 친구는 부친의 직업을 찾아줘서 부친의 건강을 지켜주었고 용돈을 만들어 드려 여러 가지 득을 본 케이스다.

60대에 배운 한학 실력으로 80대부터 100살이 되도록 주역을 가르치면서 늙어 직업을 가진 경우도 필자는 봤다. 지금도 기억에 생생하다. 80대 할아버지가 주역을 가르친다. 50대 주부가 자신의 집에 초빙해 6개월 정도 머물게 모시면서 주역을 배워나가는 장면을 봤다. 50대 주부는 저명한 동양화가였다. 화재(畵材)로 쓰는 한문을 위해 사서오경을 이 영감에게 배우고 있었다. 이 영감이 6개월 정도 주거를 하면서 가르치고 또 다른 지역 제자가 부르면 거기 가서 한학을 가르치는 식이다. 그 영감이 60대에 소일거리로 혼자 배운 한학 실력으로 80넘어서 자신의 직업으로 만들어서 말을 가르치는데 느끼는 바가 많았다.

60대가 넘어서도 배움을 포기해선 안 된다는 사례들은 얼마든지 있다. 마인드맵은 생소하다. 젊은이들도 아는 사람이나 아는 것이다. 나이와 상관없이 독서를 하고 난 후 마인드맵이라는 것도 주저 없이 흉내를 내보면서 익혀나가길 기대해본다.

책을 읽고 난 후 이 책을 머리에 담아야 하는데 어떻게 하느냐로 고민한다면? 이럴 때 한 장의 종이에 마인드맵으로 그려나간다. 주된 내용을 앞 줄거리로 하고 가지를 치면서 키워드 등을 그려나간다. 이런 과정에서 그 단원의 내용이 한 가지에 그려져 머리에 그대로 남아 있을 수 있다. 무엇이든 처음은 어색하다. 손이 따라가지 않는다. 습관처럼 손에 익으려면 부단히 해보는 수밖에 없다.

마인드맵 공부에 관한 책 중 우리나라 사람이 쓴 것은 오소희의 『매일 마인드맵』이라는 책이 있다. 이 저자는 이 책의 부제를 '생각 지도 다이어리'라고 달았다. 저자는 '복잡한 생각과 마음을 정리하고 싶은 사람들은 이 마인드맵을 이용하면 대부분 정리가 되는 큰 효용이 있다. 머릿속에 복잡하게 뒤엉켜 있는 나의 생각이나 고민, 꿈, 인간관계를 정리하고 싶다면 종이 위에 마인드맵을 그려보는 걸로 시작해볼 수도 있다고 설명한다.

뭐든 새로운 것을 두려워하지 말고 달려들어 노후를 더욱 풍요롭게 하는 일은 무조건 시도해볼 만하다.

- 독서 후 여러 가지 생각들을 잡아놓고 기억하는 방법으로 마인드맵을 권한다. 나이 들었다고 지레 포기하기보다는 뭐든 부딪히며 배워나가는 것이 생각을 유연하게 하고 젊어질 수 있는 좋은 방법이다.

2013년 10월 독서 모임에 가서 처음 책을 읽었던 때를 기억한다. 근 1년 동안 어떤 책이 됐든지 무작정 처음부터 끝까지 읽었다. 속칭 단무지 독서를 했다. 즉 단순하게 무식하게 지속적으로 읽었던 것 같다. 토요일 독서 모임(이하 토행독)엔 그런 분이 몇 분 계신다. 그 선배 모습을 보고 나도 반드시 그렇게 해야겠다고 생각했다. 책 선정을 한 주는 가볍게, 한 주는 무겁게를 반복한다. 어느 주에는 250페이지 정도의 가벼운 자기계발서다. 이때는 아주 가벼운 마음으로 본다. 다음 주엔 반드시 500페이지가 넘는 장서가 기다렸다. 『총, 균, 쇠』는 800페이지가 넘는다. 이런 류의 책인 제러미 러프킨의 『공감의 시대』, 베어드T 스폴딩의 『초인들의 삶과 가르침을 찾아서』 등 기억에 남는 도서들이 많다. 이 책들에 대해 감동적인 부분도 있지만 이렇게 두꺼운 책을 1주일 안에 읽어야 하다니 하는 큰 부담감이 마음을 짓누르는 기억이 더 짙다. 회피하고 싶지 않았다. 그저 탱크처럼 밀고 나간다는 생각뿐이었다.

이후 독서법에 관한 3P자기경영연구소에서 『본깨적』 박상배 저자로부터 독서기본교육 8시간을 받았다. 이어 독서리더과정 4개월을 거치면서 독서법에 대해 생각을 다시 하게 됐다. 결정적 계기를 준 책은 모티어J 애들러와 찰스 반 도렌이 같이 쓴 『생각을 넓혀주는 독서법』이다. 이 책은 1940년대 쓰였다. 시카고대학 교수들이다. 앞서 언급한대로 시카고대학은 2018년 기준 노벨상 89개 수상자를 낸 대학이다. 이 책이 나온 1940년대만 해도 변두리 지방대학에 불과했다. 이 시기 허친스라는 총장이 들어서면서 분위기가 바뀌었다. 허친스 총장은 학생들에게 고전 100권을 읽도록 했다. 이 과정에서 학생들로 하여금 고전 속에서 자신의 롤모델을 찾게 했다. 그 롤모델이 하던 대로 그 길을 따라가는 공부를 하도록 한 결과 노벨상이 쏟아져 나왔다. 처음 고전 독서를 하는데 독서 과정에서 문제가 생겼다. 무턱대고 책만 읽어대는 학생들이 많았다. 이런 독서 기술은 효과 면에서 크게 학생들 성장에 도움이 되지 않았다.

이를 해소하기 위해 만들어진 책이 모티머 애들러의 『생각을 넓혀주는 독서법』이다. 독서법의 고전 중 고전이라고 할 수 있다. 책을 힐링 차원에서 재미로만 보는 노후 독서라면 이 부분부터 특별하게 볼 이유가 없다. 그저 지금 보는 것처럼 눈으로 보고 있는 사실을 받아들이며 즐기기만 하면 된다. 독서를 정보와 지식을 얻는 것이라고 생각한다면 문제가 다르다. 독서를 통해 뭔가 적극적으로 변하고 싶다면 전혀 다른 독서를 시작해야 한다. 책을 읽고 아무 생각 없이 저자의 뜻을 받아들이고 저자가 준 지식이나 정보를 그대로 흡수만 할 거라면 이런 고민을 할 필요가 없다.

애들러 교수는 이런 정도 독서 수준을 초등학교 5학년에서 6학년 읽기 독서라고 규정했다. 글을 못 읽는 문맹에서는 벗어났지만 글을 그저 있는 그대로 읽는 수준이면 곤란하다는 것이다. 처음 시카고 대학 학생들이 고전을 읽되 이런 수준에서 머물렀다. 책을 읽고 이해하는 가운데 깨달음을 추구하는 독서라면 이런 수준에 머물러서는 안 된다. 보다 적극적이어야 한다. 한마디로 생각을 하면서 책을 봐야 진정한 이해나 깨달음을 얻을 수 있다. 몽테뉴는 '지식을 얻지 못한 ABC 수준의 무지와 지식을 얻고 난 후 박사 수준의 무지'에 대해 지적했다. 전자는 ABC를 몰라서 전혀 읽을 수 없는 사람들의 무지함을 말하고 후자는 많은 책을 읽기는 했으나 잘못 읽은 사람들의 무지함을 말한다.

그리스 말에 소포모아(sopomore, 'sopho 현명한' 과 'more 어리석은'이 합쳐진 단어)라는 말이 있다. 알렉산더 포프는 이를 가리켜 "무식하게 책만 읽은 멍청이들"이라고 말했다. 책은 무지하게 읽는다. 아는 척은 한다. 책은 많이 읽지만 제대로 읽지 않는다. 지식과 어리석음을 동시에 안고 있다. 이런 사람을 지칭하는 것이 '소포모아'다. 에들러 교수는 대학 2학년 학생들 중 제대로 책을 이해하지 못하는 학생들을 이같이 지칭했다.

독서를 한 주, 한 권 정도 읽기 시작한 일 년은 무턱대로 열심히 읽기만 했다. 제대로 읽지 못했다. 제대로 이해하지 못했다는 뜻이다. 닥치는 대로 읽는 것과 잘 읽지 못한 것과는 비슷하다. 필자가 초창기 책을 읽을 때 닥치는 대로 읽었다. 전형적인 소포모아였다. 깨달음이나 이해가 가능한 수준 높은 독서를 하려면 먼저 적극적인 자세가 필요하다. 아무 생각 없이는 적극적인 독서를 할 수 없다. 예를 들어 시를 쓸 때 상상력이 필요하다. 읽을 때는 상상력이 필요하지 않다. 혼자 아무 도움 없이 책을 읽으면서 깨달음을 얻기 위한 방법이 독서 기술이다. 독서 과정의 지식을 기억력으로 쉽게 활용할 줄 알아야 한다. 예리한 관찰력, 풍부한 상상력, 당연한 분석과 깊은 성찰을 독서를 통해 만들어내려면 이를 위한 지적인 훈련 등이 필요하다.

이를 극복하기 위해 독서에 네 가지 단계가 있음을 알아야 한다. 첫째, 독서는 그냥 읽는 것이다. 기초적인 읽기다. 둘째, 살펴보기 독서다. 제1수준에서 '그 글은 무엇을 말하고 있는가'라면 둘째 수준에서는 '이 책은 무엇에 관해 쓴 것인가'를 알고자 하는 것이다. 구체적으로 '이 책의 구성은 어떻게 되어 있는가?' 또는 '이 책은 어떤 부분들로 이루어져 있는가?'를 제대로 파악한 후 독서에 임하는 것이다. 많은 사람들이 이 살펴보기 과정을 등한시한다. 필자 역시 마찬가지였다. 대충 보고 1페이지부터 차근차근 읽어나가는 것이다. 책의 주제나 구성을 머릿속에 그리지 않고 무작정 읽어댄다. 책에 대한 이해도 기를 쓰고 해야 하고, 이 책이 무엇에 관한 것인지도 동시에 알아야 한다. 이런 과정을 생각하기 때문에 독서가 복잡하고도 어려운 느낌을 갖게 된다.

세 번째 단계는 분석하며 읽기다. 분석하며 읽기는 '철저하게 읽기, 완벽하게 읽기. 잘 읽기' 다시 말해 할 수 있는 한 가장 잘 읽기다. 살펴보기는 주어진 시간 내에 가장 완벽하게 잘 읽는 것이라면 분석하며 읽기는 시간제한 없이 가장 완벽하게 잘 읽는 것이다. 분석하며 읽기는 읽는 동안 많은 질문을 체계적으로 해야 한다. 이 수준에서는 책 읽는 사람이 책을 붙잡고 그 책이 자신의 것이 될 때까지 들여다봐야 한다. 프란시스 베이컨은 이에 대해 이렇게 말했다. "어떤 책은 맛보기 위한 것이고, 어떤 책은 삼키기 위한 것이다. 그러나 어떤 소수의 책들은 잘 씹어서 소화시켜야 한다." 제대로 소화하지 못했다는 것은 더 잘 이해할 수 있는데 더 이해하지 못했다는 뜻도 된다.

책 읽는 목적이 단순히 힐링하는 재미로 본다든가, 정보나 지식을 얻는 것 같으면 이 같은 노력은 별 의미가 없다. 노후까지 읽는 독서로 노인이 소일거리로 책을 본다면 이런 고민은 의미가 없다. 책을 성장의 도구로 생각하고 고민하는 독서라면 성격이 다르다. 독서 방법도 달라져야 한다.

네 번째, 책 읽기는 통합적인 책 읽기다. 한 가지 주제로 많은 책을 한꺼번에 읽으면서 책을 엮어나가는 것이다. 단순히 주제를 맞춰가는 작업에 그치지 않고 '읽는 책 중 어떤 책에서도 읽지 못한' 주제의 분석 작업을 할 수 있다. 통합적인 책 읽기는 자기가 궁금한 부분에 대해 질문을 갖고 책을 고르는 것에서부터 시작한다. 책 10권 정도를 모아 자기 질문에 답이 되는 부분을 골라낸다. 이런 가운데 자신이 필요로 하는 질문의 답을 모아 자신의 지혜로 익혀나가는 독서 방법이다. 통합적 책 읽기는 가장 보람 있고 가장 많은 것을 얻을 수 있다. 어려운 방법을 터득하고 나면 책을 읽고 나서 얻은 유익이 매우 많다. 힘들어도 배울 가치가 높다. 흔히 박사과정의 책 보기를 연상하면 된다.

‘책을 읽는다’면서 무턱대고 1페이지부터 밀어붙이는 유형이 독서 형태라면 다시 한번 자신의 독서를 객관화시켜 주시해야 한다. 책의 전체 내용을 제목과 표지 그리고 추천사를 통해 꼼꼼히 본다. 프롤로그를 통해 책 주제를 가려내고 책 제목을 보고 내용을 추측해본다. 목차 밑에 요약하는 글을 써보는 작업도 유용하다. 그런 연후 책 주제, 구성을 머리에 담고 책을 읽는다. 저자가 무엇을 주장하고 있는지를 생각해본다. 그 근거가 무엇인지도 열심히 챙겨봐야 한다. 팩트가 맞는지 논리에 구조적으로 잘못된 점이 없는지 이런 판단이 필요하다. 분석적 책 읽기다. 마지막으로 자신이 궁금한 점을 담은 책들을 10여 권 이상 모아 같은 주제로 꿰어나가는 통합적 글 읽기 방법이 있다는 걸 알고 시도해본다. 소포모아가 되지 않으려면 이런 네 가지 독서 과정을 머리에 담고 독서를 시작해야 한다.

> • 책을 무턱대고 읽지 말라. 전체적 주제와 구성을 머리에 담고 논리도 미리 상상해보고 찬성하든 반대하든 논거를 중심으로 읽어나가는 분석 독서를 익혀라. 한 가지 질문을 가지고 관련 도서를 모아서 읽으며 질문의 답을 찾는 통합적 책 읽기도 시도해볼 만하다.

마치는 글

젊은이들도 독서를 거부하는 시대다. TV와 인터넷 그리고 SNS 탓이 크다. 노인들도 예외는 아니다. 이런 사회적 분위기 속에 나이 들어 새삼스럽게 책을 펴들고 읽는다는 것이 쉽지 않은 일이다. 물론 은퇴 후 시간이 나니 책을 본다는 측면에서 가능성이 있기도 하다. 하지만 그렇게 생각하고 책을 보는 것은 극히 소수다. 여기서 책을 읽는다는 것은 앞에서도 말한 대로 일주일에 1권 이상 죽기 전날까지 이어가는 것을 말한다. 취미로서 독서를 넘어 전문 독서꾼 냄새가 난다 할 정도로 읽는 상태를 의미한다.

55세 시작한 본격 독서에 대해 62세 들어 책을 쓴다는 것이 어찌 보면 무모하다고 할 것 같다. 선무당이라는 측면이 있다. 적어도 1만 시간 정도 또는 1만 권 정도는 봐야 책을 쓸 수 있지 않을까 하는 생각도 든다. 하지만 아직도 시작 못 한 친구들에게 조금 먼저 시작한 친구가 한 마디 해주는 정도 같으면 그도 괜찮다는 심정으로 이 책을 썼다. 알아서 책을 쓰는 것이 아니라 배워가면서 쓴다는 충고가 더 솔깃하게 들렸다.

독서법을 가르치는 것이 나를 행복하게 하는 일이다. 가르쳐야 하므로 남보다 더 깊게 더 많이 독서를 하게 된다. 독서를 한다는 것은 앎의 즐거움을 늘려가는 과정이다. 앎의 즐거움을 남보다 더 깊게 더 많이 하게 되니 행복할 수밖에 없다. 내가 묵묵히 독서를 하는 것은 가족과 주변인들에게 독서를 하라는 무언의 압력이기도 하다.(물론 아내나 아들과 딸은 전혀 느끼지 않는 것 같지만) 가족이나 주변인들이 책을 읽는 것은 각 개인의 경쟁력을 늘리는 일이다. 그 경쟁력이 꼭 경제력이 아니더라도 어떤 난관이든 책에서 답을 대부분 찾을 수 있기 때문이다. 이는 우리 사회 경쟁력이고 나라의 경쟁력을 높이는 일이다. 결국 내가 하는 본격 독서는 미력하나마 주변 모든 이들을 행복하게 하는 일이고 경쟁력을 높여주는 일이 된다. 이도 삶의 의미이고 보람이다.

이 책을 주변 누군가가 읽고 독서에 대해 새로운 각오를 다지고 시작한다면, 그런 사람이 한 명이라도 늘어난다면 할 일을 다 한 셈이다. 이번 책은 시작이다. 독서하는 과정에서 얻은 지식이나 지혜 그리고 경험에 대해 계속 글을 써가며 같이 독서하는 이들과 공유하고 싶다. 이들이 본격 독서를 하는 힘을 얻도록 하는데 보탬이 되고 싶다.

책을 집필하며 이은대 작가님에게 많은 도움을 받았다. 그의 안내가 없었다면 책의 완성은 어려웠을 것이다. 독서에 눈뜨게 해준 토행독 식구들. 3P자기경영연구소 강규형 대표, 『본깨적』 저자 박상배 작가, 매주 저와 만나는 일요독서아카데미, 화요일 사직도서관 고전공독반 회원들, 신가도서관 고전공독반 회원들 곁에서 나를 묵묵히 지원해준 아내 최효성 여사, 아들 김성익 변호사, 딸 김승진 웹툰 작가가 내 든든한 배경이 되어 책을 쓰도록 채찍질해줘 이 책이 나오게 됐다. 모두에게 감사드린다.

참고문헌

이지성, 리딩으로 리드하라, 문학동네, 2010.
이지성, 생각하는 인문학, 차이, 2015.
김의기, 어느 독서광의 유쾌한 책읽기, 다른세상, 2013.
마스오카 세이고, 창조적 책읽기 다독술이 답이다. 김경균 역, 추수밭, 2010.
김충만, 대충독서법, 스마트비즈니스, 2017.
한기채, 삶을 변혁시키는 책읽기, 두란노, 2001.
박웅현, 책은 도끼다, 북하우스, 2011.
백금산, 책 읽는 방법을 바꾸면 인생이 바뀐다, 부흥과개혁사, 2002.
사이토 에이지, 김욱 역, 부자나라 임금님의 성공독서전략, 북포스, 2006.
박상배, 인생의 차이를 만드는 독서법 본깨적, 예담, 2013.
고미숙외, 나이듦수업, 서해문집, 2016.
헬렌이어링, 스코트 니어링, 류시화 역, 보리, 2000.
강규형, 대한민국독서혁명, 다연, 2016.
서정현, 읽었으면 달라져야 진짜독서, 북포스, 2018.
사이토 다카시, 김효진 역, 독서는 절대 나를 배신하지 않는다. 걷는나무, 2014.
강규형, 독서 천재가 된 홍 팀장, 다산라이프, 2017.
F, 뱃맨겔리지, 물, 치료의 핵심이다, 물병자리, 2013.
정민, 고전독서법, 진경문고, 2012.
신야 히로미, 황선종 역, 불로장생 탑시크릿, 맥스, 2008.
김병완, 초의식독서법, 아템포, 2014.
강규형, 성과를 지배하는 바인더의 힘, 스타리치북스, 2013.
박상배, 빅커리어, 다산북스, 2018.
토행독, 토요일 행복한 독서 500회 기념집, 심미안, 2017.
박정훈, 책으로 만든 잘먹고 잘사는 법, 김영사, 2002.
닥터 웰렌 가연, 박우철 역, 죽은 의사는 거짓말을 하지 않는다, 꿈과의

지, 2002.

하루야마 시게오, 반광식 역, 뇌내혁명, 사람과 책, 1996.

카사바아 시몬, 은영미 역, 나는 한번 읽은 책은 절대 잊어버리지 않는 다, 나라원, 2015.

하비 다이아몬드, 김민숙 역, 다이어트불변의 법칙, 사이몬북스, 2007.

서상훈, 독서로 시작했다., 지상사, 2010.

유성환, 독서와 바인더로 인생을 설계하라, 한솜미디어.

정민, 오직 독서뿐, 김영사, 2013.

김기태, 서평의 이론과 실제, 도서출판 이채, 2017.

김민영, 황선애, 서평 글쓰기 특강, 북바이북, 2015.

이원석, 독서의 완성 서평쓰는 법, 유유, 2016.

이재덕, 어쩌다도구, 태인문화사, 2019.

조한별, 세인트존스의 고전100권 공부법, 바다출판사, 2016.

마빈투게이어, 이현 역, 유대인부모들의 소문난 교육법, 리더북스, 2015.

나폴레온 힐, 남문희 역, 생각하라 그러면 부자가 되리라, 국일미디어, 1965.

제임스 엘런, 공경희역, 생각하는 그대로, 도서출판 물푸레, 2006.

야마다 도모오, 조해선 역, 스탠퍼드식 최고의 피로회복법, 비타북스, 2018.

고영성, 어떻게 읽을 것인가, 스마트북스, 2015.

소노 요시히로, 조미량 역, 1년에 500권 마법의 책읽기, 물병자리, 2009.

모티머, J 애들러, 찰스 반 도렌/ 독고 앤 역, 생각을 넓혀주는 독서법, 2000.

도스토예프스키, 김연경 옮김, 카라마초프 가의 형제들, 민음사, 2007.

도스토예프스키, 김연경 옮김/ 죄와벌, 민음사, 2007.

레프 톨스토이, 연진희 역, 전쟁과 평화, 민음사, 2018.

레프 톨스토이, 연진희 역, 안나카레니나, 민음사, 2009.

디오니소스팀, 시카고 플랜 위대한 고전, 다반, 2019.

제러드 다이아몬드, 김진준 역, 총 균 쇠, 문화사상사, 1998.

칼 세이건, 홍승수 역, 코스모스, 사이언스북스, 2006.

유발 하라리, 조현욱 역, 사피엔스, 김영사, 2011.

시오노 나나미, 김석희 역, 로마인이야기, 한길사, 2006.

사마천, 김원중 역, 사기열전, 민음사, 2007.

대한민국 부동산의 미래, 김장섭, 트러스트북스, 2016.
실행이 답이다, 이민규, 더난출판사, 2011.
수축사회 홍석국, 메디치미디어, 2018.
대화, 이영희 대담 임전영, 한길사 2005.
굿바이안경, 마츠자키 이사오, 코라아하우스콘텐츠, 2009.
매일 마인드맵, 오소희 더디퍼런스, 2017.

부록 1 - 도서 추천 리스트

사울 싱어, 댄 세노르 ≪창업국가≫
김종성, 장춘화 ≪세종대왕의 눈물≫
정선주 ≪학력파괴자들≫
김승호 ≪생각의 비밀≫
대니얼 코일 ≪탤런트 코드≫
박상배 ≪본깨적≫
브라이언 트레이시 ≪백만불짜리 습관≫
사이쇼 히로시 ≪아침형 인간≫
강규형 ≪대한민국 독서혁명≫
강규형 ≪성과를 지배하는 바인더의 힘≫
찰스 두히그 ≪습관의 힘≫
모티머 J. 애들러 ≪생각을 넓혀주는
　　독서법≫
조벽 ≪조벽 교수의 인재 혁명≫
지그 지글러 ≪정상에서 만납시다≫
스티븐 코비 ≪성공하는 사람들의 7가
　　지 습관≫
강영우 ≪우리가 오르지 못할 산은
　　없다≫
고미숙 ≪공부의 달인 호모 쿵푸스≫
이지성 ≪생각하는 인문학≫
이지성 ≪리딩으로 리드하라≫
강인선 ≪하버드 스타일≫
잭 웰치, 수지 웰치 ≪잭 웰치의 마지막
　　강의≫
백금산 ≪책 읽는 방법을 바꾸면 인생
　　이 바뀐다≫

말콤 글래드웰 ≪아웃라이어≫
헨리어트 앤 클라우저 ≪종이 위의 기
　　적 쓰면 이루어진다≫
전옥표 ≪이기는 습관≫
정진홍 ≪완벽에의 충동≫
메리 케이 애시 ≪열정 기적을 낳는다≫
정민 ≪다산선생 지식경영법≫
강신장 ≪오리진이 되라≫
앤디 앤드루스 ≪폰더 씨의 위대한
　　하루≫
이시형 ≪공부하는 독종이 살아남는다≫
이시형 ≪행복한 독종≫
후쿠하라 마사히로 ≪하버드式 생각
　　수업≫
이영석 ≪인생에 변명하지마라≫
스튜어트 프리드먼 ≪와튼스쿨 인생
　　특강≫
만프레드 슈피처 ≪디지털 치매≫
할 엘로드 ≪미라클모닝≫
스펜서 존스 ≪누가 내 치즈를 옮겼
　　을까?≫
켄 블랜차드 ≪칭찬은 고래도 춤추게
　　한다.≫
대니얼 코일 ≪재능을 단련시키는 52
　　가지 방법≫
스티븐 기즈 ≪습관의 재발견≫
니콜라스 카 ≪생각하지 않는 사람들≫

송숙희 《당신의 책을 가져라》
김종삼 《스스로 움직이게 하라》
마이클 레빈 《깨진 유리창 법칙》
이영석 《장사수업》
배상민 《나는 3D다》
유성환 《인생을 바꾼 바인더 독서법 & 글쓰기》
마커스 버킹엄 《위대한 나의 발견 강점 혁명》
KBS 세상을 바꾸는 9번째 지능 제작팀 이소연, 이진주 《9번째 지능》
켄트 케이스 《그래도 Anyway》
리처드 볼스 《파라슈트》
사이먼 사이넥 《나는 왜 이 일을 하는가》
밥 버포드 《밥 버포드, 피터 드러커에게 인생 경영 수업을 받다》
김호 《쿨하게 생존하라》
구본형 《그대 스스로를 고용하라》
밥 비포드 《하프타임의 고수들》
멕 제이 《제대로 살아야 하는 이유》
김병숙 《은퇴 후 8만 시간》
구본형 《익숙한 것과의 결별》
밥 버포드 《하프타임》
다니엘 핑크 《새로운 미래가 온다》
장 지오노 《나무를 심은 사람》
박호근 《인생에도 리허설이 있다》
김종훈 《우리는 천국으로 출근한다》
F.뱃맨겔리지 《물, 치료의 핵심이다》
이진호, 황성혁 《슈퍼 미네랄 요오드》
신야 히로미 《불로장생 탑 시크릿》
이동환 《만성피로 극복 프로젝트》
미국상원영양문 제특별위원회 《잘못된 식생활이 성인병을 만든다》
하비 다이아몬드 《다이어트 불변의 법칙》
하루야마 시게오 《뇌내혁명》
미즈노 남보쿠 《식탐을 버리고 성공을 가져라》
레이첼 카슨 《침묵의 봄》
조엘 오스틴 《긍정의 힘》
츠루미 다카후미 《효소 식생활로 장이 살아난다. 면역력이 높아진다》
윤태호 《소금. 오해를 풀면 건강이 보인다》
조엘 펄먼 《내 몸 내가 고치는 색생활 혁명》
닥터 월렉 《죽은 의사는 거짓말을 하지 않는다》
하비 다이아몬드 《내 몸이 아프지 않고 잘 사는 법》
김희철 《현대인은 효소를 밥처럼 먹어야한다》
미치 앨봄 《모리와 함께한 화요일》
빅터랭클 《죽음의 수용소에서》
미셸 오당 《농부와 산과의사》
짐 로허, 토니 슈워츠 《몸과 영혼의 에너지전소》
조성희 《어둠의 딸. 태양 앞에 서다》
김종성 《의사 예수》
박정훈 《잘먹고 잘사는 법》
아보 도오루 《면역 혁명》
정수창 《히포크라테스도 몰랐던 치아와 턱관절의 비밀》
김기태 외 《효소영양학개론》
폴 제인 필저 《건강관리혁명》
에리히 프롬 《소류냐 삶이냐》
캐롤라인 리프 《뇌의 스위치를 켜라》
유성준 《세이비어교회》
조나단 에드워즈 《조나단 에드위즈처

켄 블랜차드, 셀든 보울즈 《겅호!》
김성오 《육일약국 갑시다》
노만 V.필 《적극적 사고방식》
존 맥스웰 《인재경영의 법칙》
앤벌라 더크위스 《그릿》
조성민 《나는 스타벅스보다 작은 카페
　가 좋다》
이민규 《실행이 답이다》
워터맨 앤 피터즈 《엑셀런트 컴퍼니》
왕중추 《디테일의 힘》
김가성 《180억 공무원》
피터 센게 《학습하는 조직》
조쉬 카우프만 《퍼스널 MBA》
야사에 스에미츠 《IT시대의 과제달성
　형 목표관리》
사토 료 《원점에 서다》
조성민 《작은 가게 성공 매뉴얼》
최윤규 《리더가 넘어선 위대한 종이
　한 장》
이시카와 다쿠지, 기무라 아키노리 《
　기적의 사과》
류랑도 《일을 했으면 성과를 내라》
사이토 다카시 《절차의 힘》
엔도 이상오 《성과의 가시화》
류랑도 《하이퍼포머》
존 맥스웰 《사람은 무엇으로 성장하는가》
야스다 유키 《원피스식, 세계 최강의
　팀을 만드는 힘》
존 우든, 스티브 제이미슨 《88연승의
　비밀》
게리 채프먼 《5가지 사랑의 언어》
미움받을 용기 《기시미 이치로, 고가
　후미타케 전경아》

마이클 유심 《행동하는 리더의 체크리
　스트》
존 고든 《에너지버스》
고야마 노보루 《사람은 믿어도, 일은
　믿지 마라!》
허브 코헨 《협상의 법칙》
최인철 《프레임》
류랑도 《하이퍼포머 팀장 매뉴얼》
엘버트 허버드 《가르시아 장국에게 보
　내는 편지》
존 가트맨, 최성애, 조벽 《내 아이를
　위한 감정코칭》
최희수 《우리 아이 내면의 힘을 키우
　는 몰입독서》
요코미네 요시후미 《아이의 숨겨진 능
　력을 이끌어 내는 4개의 스위치》
사라 이마스 《유대인 엄마의 힘》
크래크 힐 《다섯 가지 부의 비결》
고재학 《부모라면 유대인처럼》
김경민 《시 읽기 좋은날》
오제은 《오제은 교수의 자기 사랑 노트》
고두현 《시 읽는 CEO》
마틴 셀리그만 《마틴 셀리그만의 긍정
　심리학》
정채찬 《시를 잊은 그대에게》
쑹훙빙 《화폐 전쟁》
송재환 《초등 고전읽기 혁명》
김현대, 하종란, 차형석 《협동조합, 참
　좋다》
전성수 《자녀교육 혁명 하브루타》
정우식 《재무심리에 답이 있다》
토니 세바《에너지 혁명 2030》
피터 드러커 《21세기 지식경영》

독서천재가 된 홍 팀장,다산라이프 강규형. 315~329p에서 발췌

이 도서는 자기관리와 독서경영 교육 전문 3P자기경영연구소 강규형 대표가 평생 독서
에서 찾아낸 보물같은 책 리스트다.

강 대표가 흔쾌히 허락해줘 싣는다.

블루북에는 씨앗독서 50권. 필수독서 100권.선택도서 50권이 있다.

변화를 위한 자기 혁신 독서와 몸과 마음을 훈련하는 건강독서 등도 포함되어 있다.

독서를 시작하는 이는 참고할 만하다.

부록 2 - 고전 추천 리스트

〈시카고 플랜〉 전체 목록

STEP 1

《미합중국독립선언서》
플라톤 - 《소크라테스의 변명》, 《크
　리톤》
소포클레스 - 《안티고네》
아리스토텔레스 - 《정치학》 중 발췌
《플루타르코스 영웅전》
《신약》 중 〈마태복음〉
에픽테투스 - 《인생담》 중 발췌
마키아벨리 - 《군주론》
셰익스피어 - 《맥베스》
밀턴 - 《출판의 자유》
애덤 스미스 - 《국부론》
《미합중국헌법》
토그벌 - 《미국의 민주주의》 중 발췌
마르크스, 엥겔스 - 《공산당 선언》
헨리 소로 - 《시민의 불복종》, 《월든》
톨스토이 - 《이반 일리치의 죽음》

STEP 2

《구약》 중 〈전도서〉
호메로스 - 《오디세이아》
소포클레스 - 《오이디푸스 왕》, 《콜
로누스의 오이디푸스》
플라톤 - 《메논》
아리스토텔레스 - 《니코마코스 윤리학》
　중 발췌
루크레티우스 - 《우주론》
아우구스티누스 - 《고백록》
셰익스피어 - 《햄릿》
데카르트 - 《방법서설》
홉스 - 《리바이어던》
파스칼 - 《팡세》
조너선 스위프트 - 《걸리버 여행기》
루소 - 《인간 불평등 기원론》
칸트 - 《영원한 평화를 위하여》
존 스튜어트 밀 - 《자유론》
마크 트웨인 - 《허클베리 핀의 모험》

STEP 3

《구약》 중 〈욥기〉
아이스킬로스 - 《오레스테이아》
투키디데스 - 《펠로폰네소스 전쟁사》
플라톤 - 《향연》
아리스토텔레스 - 《정치학》 중 발췌
아퀴나스 - 《신학대전》 중 〈법률론〉
라블레 - 《가르강튀아와 팡타그뤼엘》
칼뱅 - 《그리스도교 강요(綱要)》
셰익스피어 - 《리어왕》

베이컨 – 《대혁신》
로크 – 《정치론》
볼테르 – 《캉디드》
루소 – 《사회계약론》
에드워드 기번 – 《로마제국 쇠망사》
　제15-16장
도스토예프스키 – 《카라마조프 가의
　형제들》
프로이트 – 《정신 분석의 기원과 발달》

STEP 4

공자 – 《논어》 중 발췌
플라톤 – 《국가》 중 발췌
아리스토파네스 – 《리시스트라테》,
　《구름》
아리스토텔레스 – 《시학》
유클리드 – 《기하학제요》
아우렐리우스 – 《자성록》
엠페이리코스 – 《절대회의설(絶對懷疑
　說)》 제1권
《니벨룽겐의 노래》
아퀴나스 – 《신학대전》 중 〈진실과 허
　위에 대하여〉
몽테뉴 – 《수상록》
셰익스피어 – 《템페스트》
로크 – 《인간오성론》
밀턴 – 《실낙원》
흄 – 《오성론》
니체 – 《선악의 저편》
제임스 – 《프래그머티즘》

STEP 5

에우리피데스 – 《메데이아》, 《히폴리

토스》, 《트로이의 여인》
플라톤 – 《테아이테토스》
아리스토텔레스 – 《물리학》 중 발췌
베르길리우스 – 《아이네이스》
성 프란치스코시스 – 《작은 꽃》
아퀴나스 – 《신학대전》 중 〈인간론〉
단테 – 《신곡》 중 〈지옥 편〉, 〈연옥 편〉
단테 – 《신곡》 중 〈천국 편〉
미란돌라 – 《인간의 존엄(尊嚴)에 대하여》
버클리 – 《인지원리론》
뉴턴 – 《프린키피아》
보스웰 – 《새뮤얼 존슨 전(傳)》
칸트 – 《프롤레고메나》
울먼 – 《일기》
멜빌 – 《백경》
아인슈타인 – 《상대성원리 : 특수이론
　및 알반이론》

STEP 6

아이스킬로스 – 《사슬에 묶인 프로메테
　우스》
플라톤 – 《파이드로스》
아리스토텔레스 – 《형이상학》 제7권
롱기노스 – 《숭고성에 대하여》
아우구스티누스 – 《자연과 성총에 대하
　여》, 《성총과 자유의지에 대하여》
아퀴나스 – 《신학대전》 중 〈신(神)에 대
　하여〉
제프리 초서 – 《캔터베리 이야기》 중
　발췌
셰익스피어 – 《리처드 2세》
세르반테스 – 《돈키호테》 1부
스피노자 – 《에티카》 1부
흄 – 《자연종교에 관한 대화》
볼테르 – 《철학사전》 중 발췌

헤겔 - 《역사철학》 중 발췌
다윈 - 《종의 기원》 중 발췌
멜빌 - 《빌리 버드》, 《파트프만》
제임스 - 《나사의 회전》

STEP 7

플라톤 - 《고르기아스》
아리스토텔레스 - 《영혼에 대하여》
《마하바라타》, 《바가바드기타》
보에티우스 - 《철학의 위안》
마이모니데스 - 《방황하는 자를 위한 지침》
존 던 시선(詩選)
몰리에르 희곡선 - 《타르튀프》, 《인간
혐오자》
라이프니츠 - 《형이상학》
칸트 - 《실천이상비판》
괴테 - 《파우스트》
쇼펜하우어 - 《의지와 표상으로서의 세계》
키에르케고르 - 《철학적 단편 후서》
도스토예프스키 - 〈죽음의 집의 기록〉
조지프 코래드 - 〈어둠의 심연〉
프로이트 - 《꿈의 해석》
버나드 쇼 - 《인간과 초인》

STEP 8

아리스토파네스 - 《섬》, 《평화》
플라톤 - 《파이돈》
아리스토텔레스 - 《물리학》 제2권
《신약》 중 〈로마서〉, 〈고린도 전서〉
갈레노스 - 《On the Natural Faculties》

1부, 3부
셰익스피어 - 《헨리 4세》 1부
셰익스피어 - 《헨리 4세》 2부
하비 - 《On the Motion of the Heart》
데카르트 - 《정념론》
밀턴 - 《투사 삼손》
피히테 - 《인간의 사명》
바이런 - 《돈 주안》
존 스튜어트 밀 - 《공리주의》
니체 - 《도덕의 계보》
헨리 아담스 - 《The Education of
Henry Adms》
예이츠 시선(詩選)

STEP 9

호메로스 - 《일리아드》
헤로도토스 - 《역사》8, 9권
플라톤 - 《소피스트》
아리스토텔레스 - 《분석론》
타카투스 - 《연대기》
플로티노스 - 《엔네아데스》
루터 - 《갈라디아서 강해》 발췌
갈릴레오 - 《신과학 대화》
라신 - 《페드르》
비코 - 《신과학》
발자크 - 《고리오 영감》
마르크스 - 《자본론》 발췌
입센 - 《들오리》
제임스 - 《심리학의 원리》 21, 22장
보드레르 - 《악의 꽃》
푸앵카레 - 《과학과 가설》 4, 5장

시카고플랜 위대한 고전, 디오니소스팀, 다반,367~374에서 발췌

김대혁

58년 개띠

매주 일요일 '빛고을100독서아카데미'에서 독서와 글쓰기 지도를 하고 있다. 토요 독서모임 토행독에 참석한다. 주 중 화요일과 금요일 저녁 광주사직도서관과 신가도서관에서 '동서양한국 고전'을 가르치고 있다.

광주시공무원교육원과 전남도공무원교육원 등에서 강의하고 있다.

나이 들어 하는 독서는 만만치 않은 집중력과 건강을 요구한다.

운동을 겸해야 하고 재미있어야 한다.

'책을 읽을수록 더 건강해질 수 없을까?'

리듬을 타는 '독서법'을 만들어 나가야 죽기전날까지 지속적 독서를 할 수 있다.

시카고대학이 고전 100권 읽기로 80여 개 노벨상 수상자를 배출했다고 한다.

노벨상 1개에 불과한 우리나라와 크게 비교된다.

세인트존스대학은 고전 100권 읽기로 4년 과정을 마친다.

독서 내공과 깊은 독서로 창의력이 풍부해져야 한다.

한국에서도 이런 고전읽기 교육 프로그램이 여기저기서 이뤄졌으면 한다.

대한민국에도 노벨상에 도전하는 아들, 딸, 손자, 손녀들이 많이 늘어났으면 하는 바램이 있다.

후손에게 좋은 책 100권 읽기를 유산으로 물려주자는 의미에서 '빛고을100독서아카데미'를 만들었다. 50대가 독서 본보기를 보여야 한다.

'50대 독서 사명론'을 부르짖고 있다. 독서를 통해 후손이 더 행복하고 나라가더 성장해 어려운 나라를 도왔으면 한다. 이에 미력하나마 힘을 보태고 싶다.

전남 함평. 동신고, 조선대 정치외교학과 졸업

광주대 언론대학원 수료. 서울경제신문, 뉴시스통신 호남본부장,

아시아경제 중부본부장 등 역임.

현재 온투데이뉴스 객원기자로 활동 중이며, 독서법과 글쓰기

강의를 통해 액티브한 시니어의 삶을 행복하게 누리고 있다.

액티브 시니어의
깊이 있는 독서법

초판인쇄 2020년 1월 3일
초판발행 2020년 1월 3일

지은이   김대혁
펴낸이   채종준
펴낸곳   한국학술정보㈜
주소   경기도 파주시 회동길 230(문발동)
전화   031) 908-3181(대표)
팩스   031) 908-3189
홈페이지   http://ebook.kstudy.com
전자우편   출판사업부   publish@kstudy.com
등록   제일산-115호(2000. 6. 19)

ISBN 978-89-268-9766-9 13010